ウー・ウェンの 蒸しおかず

手間なく素材の味を生かす

扶桑社

はじめに

「蒸す」は、煮る、焼く、揚げる、炒める、いろんな加熱の仕方の中で、**もっとも素材のおいしさを引き出せる、**私が大好きな調理法です。世の中にはいろんな食材があるのですから、それぞれ味を存分に楽しみたいですよね。何度食べても飽きないよう、家庭のおかずはできるだけシンプルに、素材の魅力を生かしたいと思っています。

だからこそ、わが家は蒸し器が大活躍！ 蒸気でゆっくり加熱する蒸し料理は、**素材にストレスを与えず、うま味と栄養を逃がしません。**野菜や肉そのもののおいしさが味わえるのです。とくに野菜を蒸すと甘味が増し、そのすばらしさを実感できるでしょう。うちの子が野菜好きなのは、蒸し器のおかげかもしれません。

さらに、**手間がかからない**のも、蒸し料理のうれしいところです。タイマーさえかけておけば、ほかの料理にとりかかったり、台所を離れたりできるのです。だから、忙しい日でも暑い日でも、毎日のように蒸し器を使います。時間がないときは、素材を丸ごと蒸し器に入れ、蒸している間にたれを用意すればＯＫ。蒸気で調理するから、キッチンだって汚れません。

そのうえ、**時間がたってもおいしく食べられる、**というすばらしいおまけつき。一度にたくさん蒸して保存しておけば、次に使うときは味をつけるだけ。あっという間に食卓がととのいます。

「蒸す」は味、栄養、使い勝手、どれをとっても優れた、いいことずくめの調理法。なにより、ふんわりと上がる湯気に包まれると、やさしく温かい気持ちになります。野菜や肉をシンプルに丸ごと蒸したもの、短時間でできるごちそう蒸しなど、わが家で何度もつくってきた蒸しおかずはたくさん！ どれも簡単においしくできるので、ぜひつくってみてください。

ウー・ウェン

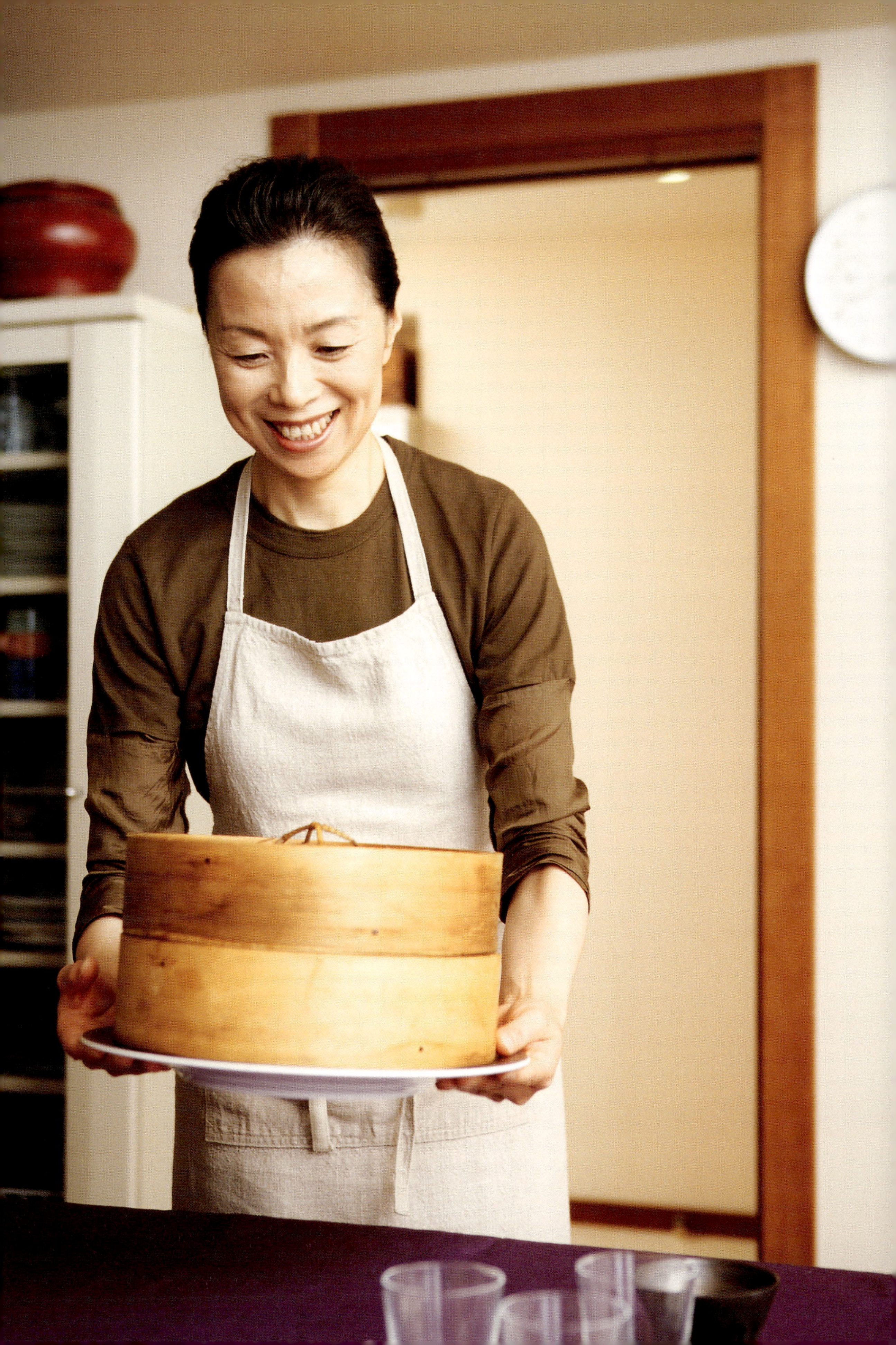

目次

2 はじめに
6 蒸し器について
6 上手に蒸すために

素材のおいしさをとことん味わう「シンプル蒸し」

野菜を蒸す

8 蒸しじゃがいも 蒸しにんじん
10 じゃがいもとにんじんのミルクグラタン
11 じゃがいもとにんじんのしょうゆ炒め

12 蒸しキャベツ
13 キャベツの半熟卵あえ
13 紫キャベツのコールスロー

14 蒸しかぼちゃ
15 かぼちゃのねぎ焼き
15 かぼちゃの四川風

16 蒸し玉ねぎ
17 玉ねぎのチーズ焼き
17 玉ねぎの豆板醤あえ

18 蒸しなす
19 なすの香菜ゴマだれあえ
19 なすのみそ焼き

肉を蒸す

20 蒸し鶏
22 鶏肉のチャーシュー風
23 バンバンジー冷麺

24 蒸し骨つき鶏肉
25 鶏肉の蒸し春巻き

26 蒸し塩豚
27 豚肉とピーマンのホイコーロー

豆腐を蒸す

28 蒸し豆腐
30 豆腐と青ねぎの炒め合わせ
30 豆腐としいたけのみそ煮
31 豆腐の鶏団子蒸し

家族を待たせない「あっという間の蒸しおかず」

蒸し時間10分以内の野菜おかず

- 34 蒸しれんこんの梅あえ
- 36 蒸しブロッコリーの豆豉だれ
- 38 蒸しカリフラワーのゆずコショウあえ
- 40 蒸しチンゲン菜のねぎ油ソース
- 42 蒸しカブのはちみつ辛子漬け
- 44 蒸し枝豆ととうもろこしの塩コショウ
- 46 蒸しパプリカのナッツあえ

蒸し時間20分以内のごちそうおかず

シューマイ

- 48 豚肉のシューマイ
- 50 鶏肉のシューマイ
- 51 合いびき肉のシューマイ
- 52 牛肉のシューマイ
- 53 エビのシューマイ

茶碗蒸し

- 54 プレーン大鉢茶碗蒸し
- 56 干しエビの茶碗蒸し
- 57 あさりとグリーンピースの具だくさん茶碗蒸し

- 58 さつまいもと豚肉の重ね蒸し
- 60 かぼちゃとはんぺん、ちくわの蒸しもの
- 62 カジキとエリンギの酒粕蒸し
- 64 エビと空豆の蒸しもの
- 66 イカの青ねぎ蒸し
- 68 鮭と長いもの香り蒸し
- 68 鮭と長いもの混ぜご飯
- 70 蒸し魚の香味だれ
- 71 サワラともやしの蒸しもの ねぎソース

いつものおかずも「蒸せばもっとおいしい」

- 74 蒸しハンバーグ
- 76 鶏肉とかぼちゃの蒸しもの
- 78 ねぎ油風味のポテトサラダ
- 80 蒸し根菜の白あえ
- 82 蒸し豚の冷しゃぶサラダ
- 84 ブリのしょうゆ漬け蒸し
- 86 蒸しなすと牛肉のゴマだれがけ
- 88 ゴーヤとパプリカの肉詰め蒸し
- 88 黒米の炊き込みご飯
- 90 たっぷり野菜のイカ飯蒸し

コラム

- 32 失敗なしの、たれのつくり方をお教えしましょう
- 72 「蒸す」と野菜のおいしい関係

- 92 おわりに
- 94 素材別料理インデックス

この本の使い方
- 分量は4人分が基本です。ただし、料理によってはつくりやすい分量で紹介しているものもあります
- 計量単位は1カップ＝200cc、大さじ1＝15cc、小さじ1＝5cc、1合＝180ccです
- 蒸す道具や蒸し方については6ページを参照してください

蒸し器について

　この本では、せいろとスチームトレーつきの鍋（ウー・ウェンパン）を使いましたが、琺瑯でも金属でも、蒸し器ならどんなものでもいいと思います。ふたにたまった水滴が落ちて料理の表面が濡れてしまう場合は、ふきんなどでふたを包みましょう。

　せいろは自然素材である竹でできていますから、余分な湯気を吸収し、適度な蒸気を保つのにぴったり。見た目もよく、そのまま温かい状態で食卓に出せるのもうれしいですね。素材が蒸し器にくっつかないよう、使うときは穴をあけたクッキングシートを敷きましょう。蒸していること自体が100℃の湯気で殺菌しているようなものなので、汚れたとき以外はとくに洗っていません。使うほどに丈夫になるようなので、出しっぱなしか、できるだけまめに使うことが長もちのコツだと思います。

　どの蒸し器も、使うときに湯気が逃げないよう、ぴったり合う鍋にのせます。フライパンを使うときは水が蒸発しやすいので、からだきに気をつけて。

せいろ　　　　スチームトレーつき鍋　　　　金属の蒸し器

上手に蒸すために

　蒸し料理は、素材の大きさと蒸し時間を守れば失敗が少なく、料理初心者にも向いています。それでも、上手に蒸すためのコツもいくつかあります。

　まず、蒸し器を鍋にセットするのは、湯気が十分上がってから。蒸し器の中は湯気がよく回るよう、間隔をあけて食材を並べるのが理想です。火加減は、適度な蒸気がキープできるよう、基本的に中火にしましょう。

　蒸し時間の短いもの、とくに1〜2分のときは、蒸しすぎると素材のおいしさが失われてしまいます。うっかり忘れないよう、私は必ずタイマーをかけています。根菜や肉など、時間がかかるものは、食材の状態や季節によって、蒸し時間が前後することも。でも、「中が見えないから難しそう」という心配は無用です。時間になったらふたをあけて、竹串を刺して確認してください。玉手箱ではないのですから、まだなら、またふたをすればいいのです。

素材のおいしさをとことん味わう「シンプル蒸し」

蒸しもののすばらしさを味わうのなら、素材をそのまま蒸すのがいちばん。
じゃがいも、キャベツ、なす、玉ねぎ、かぼちゃ…。
旬の野菜を手にしたら、迷わず蒸し器へ。
ふたをあけると、湯気とともにいい香りが漂い、そこにはほかほかの蒸したて野菜。
これはもう、それだけで十分おいしい！
肉や豆腐だって、シンプルに蒸すだけでうま味が凝縮して絶品です。
蒸した食材は保存が利き、しかも加熱してあるので使い回すのにも役立ちます。

野菜を蒸す

野菜は、蒸し料理の本領を発揮するいちばんの素材。
うま味を逃がさず素材のおいしさを最大限に生かせます。
熱々の蒸したてを粗塩とゴマ油につけて、さあ、どうぞ！
食べなれたはずの野菜のおいしさに、驚くことでしょう。
蒸すと保存が利くようになるので、
ストックしていろんな料理に展開することもできます。

蒸しじゃがいも
蒸しにんじん

蒸し時間 20〜30分

常備野菜の筆頭、じゃがいもとにんじんは、蒸すとしっとりほくほくに！
時間は少しかかりますが、皮つきのまま丸ごと蒸しておくと、
冷めてもおいしさが閉じ込められたままです。

[蒸しやすい分量] じゃがいも（男爵、メークイン）……それぞれ2、3個
にんじん……2、3本

[蒸し方] じゃがいもとにんじんは皮つきのまま、クッキングシートを敷いた蒸し器に並べ、
20〜30分蒸す。竹串を刺して、すーっと通るようならでき上がり。

シンプルに食べる

蒸しじゃがいもと蒸しにんじんは、温かいうちに皮をむき、食べやすい大きさに切って器に盛ります。ゴマ油大さじ1に粗塩小さじ1/2を合わせた塩だれを添えていただきます。

アレンジ・1
じゃがいもとにんじんの
ミルクグラタン

クリームもバターもホワイトソースも使わずにさっぱり仕上げた、わが家で人気の朝食メニュー。つぶした蒸しじゃがいもを牛乳とチーズに合わせると、いい具合にとろみがつきます。

材料(4人分)
蒸しじゃがいも(男爵)……2個
蒸しにんじん……1本
牛乳……2/3カップ
塩……ふたつまみ
粗びき黒コショウ……少し
ピザ用チーズ……80g

1 蒸しじゃがいもは皮をむき、つぶして牛乳と合わせる。塩、コショウで調味し、グラタン皿に入れる。蒸しにんじんは半分に切ってから縦4等分に切り、じゃがいもの上に並べてチーズを散らす。

2 温めておいた220℃のオーブンで8分焼く。オーブントースターを使うときは、表面にこんがりと焼き色がつくくらいが目安。

アレンジ・2
じゃがいもとにんじんの
しょうゆ炒め

一口大に切ってゴマ油で炒め、しょうゆをジャッ。香ばしいにおいがたまりません。冷めてもおいしいので、お弁当にも喜ばれる一品です。

材料(4人分)
蒸しじゃがいも(メークイン)……2個
蒸しにんじん……1本
ゴマ油……大さじ1
赤唐辛子(ちぎって、種を除く)……1本
しょうゆ……大さじ1

1 蒸しじゃがいもは皮をむき、一口大に切る。蒸しにんじんはじゃがいもと同じくらいの大きさの乱切りにする。

2 フライパンにゴマ油と唐辛子と**1**を入れて火にかけ、全体に油が回って温まったら、しょうゆを鍋肌に回しかける。香りが立ったら全体によくからめ、火を止める。

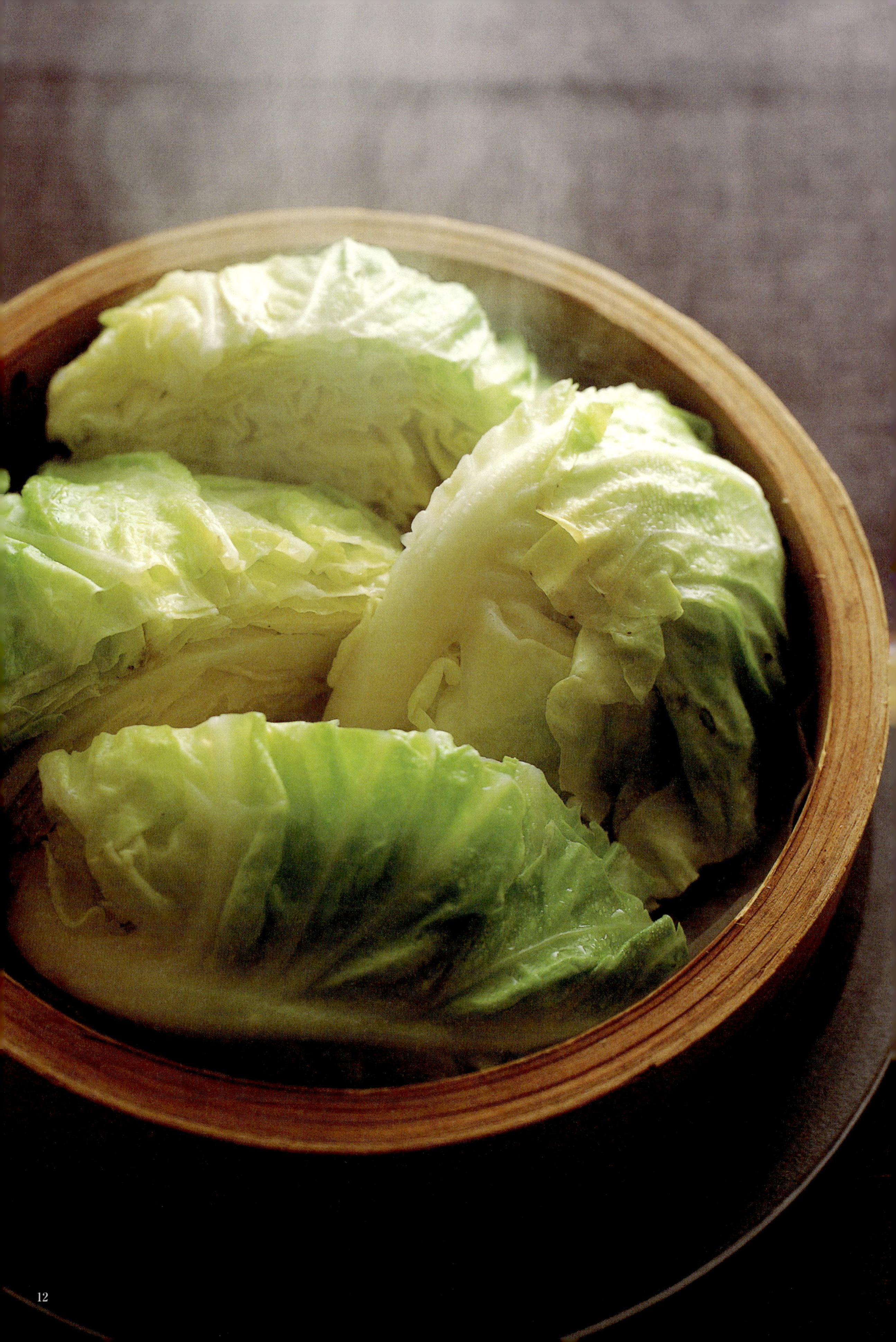

蒸しキャベツ

蒸し時間 3 〜 7 分

キャベツは大きく切って、どーんと丸ごと蒸しちゃいましょう。
数分蒸すことで、シャキシャキとした食感を残しつつ、生よりも食べやすくなります。
芯をつけたままだと扱いやすく、蒸すのにも使い回すのにも便利です。

［蒸しやすい分量］　キャベツ（または紫キャベツ）……1個

［蒸し方］　キャベツは4等分、紫キャベツなら6等分のくし形に切る。
クッキングシートを敷いた蒸し器に並べ、
春のキャベツ（巻きがゆるくて、やわらかい）は3分、それ以外のキャベツは5分、
紫キャベツなら7分蒸す。温かいうちに食べやすい大きさに切り、
粗塩とゴマ油のたれ（P.9「シンプルに食べる」参照）でいただく。

アレンジ・1
キャベツの半熟卵あえ

しんなりした蒸しキャベツはあえ物に最適。水っぽさが抜けているので、時間がたっても汁気が出ません。ざくざく切って、炒め物にしてもいいですね。

材料（4人分）
蒸しキャベツ……½個分
卵……2個
A ┬ 粒マスタード……大さじ1
　├ ゴマ油……大さじ1
　└ 塩……小さじ¼

1　卵は熱湯から5分ゆでて冷やし、半熟にする。殻をむいて縦半分に切る。
2　蒸しキャベツを一口大に切って器に盛り、1の半熟卵をのせる。混ぜ合わせたAをかけ、あえて食べる。

アレンジ・2
紫キャベツのコールスロー

かたくてたくさんは食べられない紫キャベツは、蒸すと一変！　酸味とコクのバランスがいい、マスタードとゴマ油のドレッシングで、飽きずにたっぷり食べられます。普通のキャベツでつくってもおいしい！

材料（4人分）
蒸し紫キャベツ……⅓個分
A ┬ ゴマ油……大さじ1
　├ マスタード……大さじ½
　└ 塩……ひとつまみ

蒸し紫キャベツは千切りにし、混ぜ合わせたAでよくあえる。

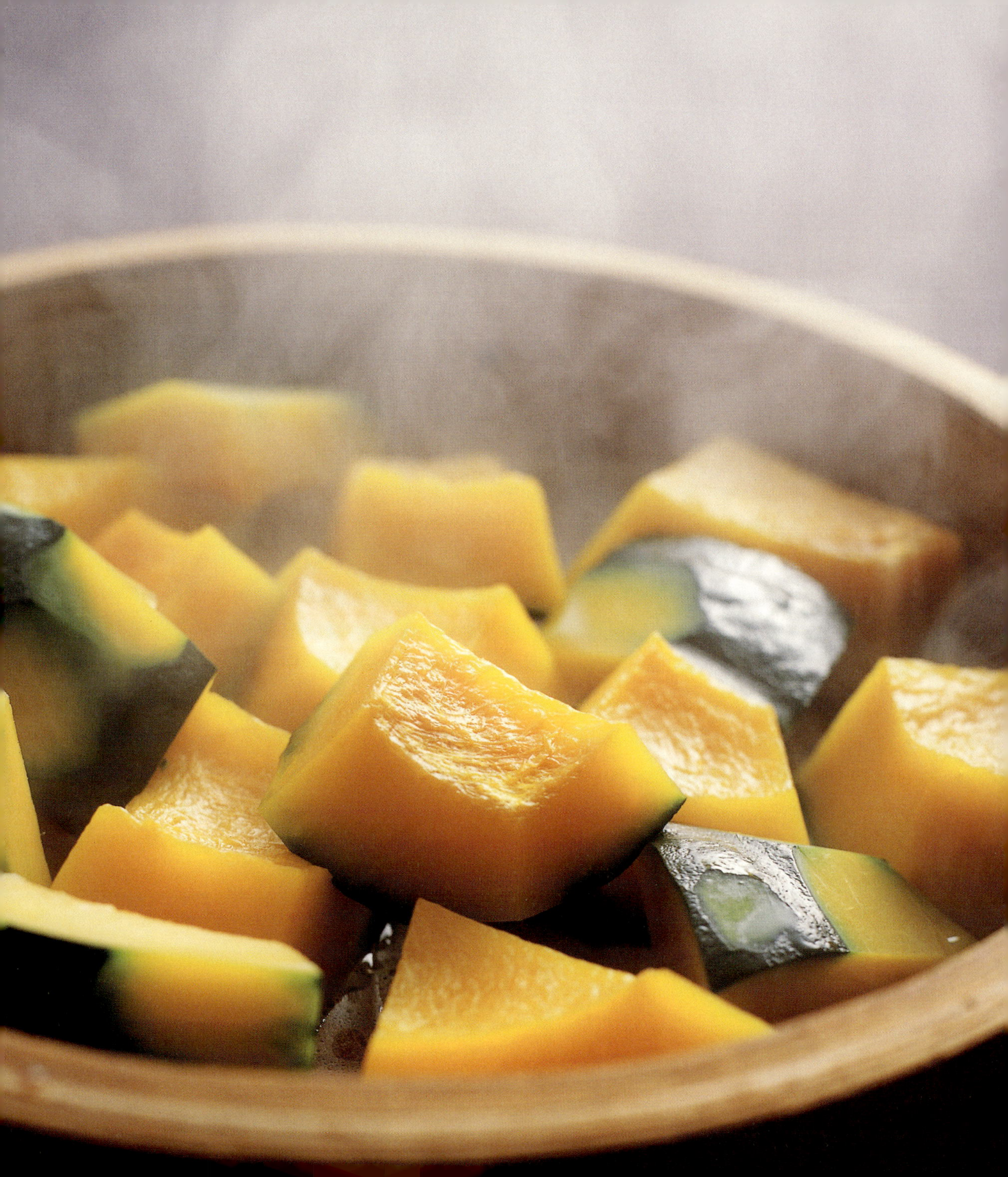

蒸しかぼちゃ

蒸し時間 10 分

かぼちゃは蒸すとほどよく水気が抜けて、ほくほく、ねっとりした食感になります。
実が厚くても火のとおりはよいので、
大きめに切って一口大の肉や練り製品と一緒に蒸すのもおすすめです。

[蒸しやすい分量] かぼちゃ……1/2個

[蒸し方] かぼちゃは種とワタを除き、ところどころ皮をむく。
大きめの一口大に切り、クッキングシートを敷いた蒸し器に並べ、10分蒸す。
温かいうちに、粗塩とゴマ油のたれ(P.9「シンプルに食べる」参照)でいただく。

アレンジ・1
かぼちゃのねぎ焼き

かぼちゃそのものの甘味を生かして香ばしいしょうゆ味にすると、ご飯によく合うおかずになります。ねぎの香りが食欲をそそりますよ。

材料(4人分)
蒸しかぼちゃ……1/3個分
サラダ油……大さじ1 1/2
万能ねぎ(小口切り)……1/3束
しょうゆ……大さじ1

1 フライパンにサラダ油と万能ねぎを入れて火にかけ、香りが立ったら蒸しかぼちゃを加える。
2 油が全体に回ったら、鍋肌にしょうゆを回しかけ、からめて火を止める。

アレンジ・2
かぼちゃの四川風

サラダ油と花椒を火にかけて香りを引き出した花椒油は、四川の家庭でよく使います。香りとうま味があるので、好みで塩味や辛味をたし、麺やあえ物、餃子のたれなどにも重宝します。

材料(4人分)
蒸しかぼちゃ……1/3個分
サラダ油……大さじ1
花椒……小さじ1
赤唐辛子(ちぎって、種を除く)……1本
粗塩……小さじ1/4

1 フライパンにサラダ油と花椒を入れて弱火にかけ、香りが立ったら唐辛子を加える。唐辛子の辛さが引き出されたら、焦げる前に火を止める。
2 蒸しかぼちゃを器に盛り、粗塩をふって、1を熱いうちに全体にかける。

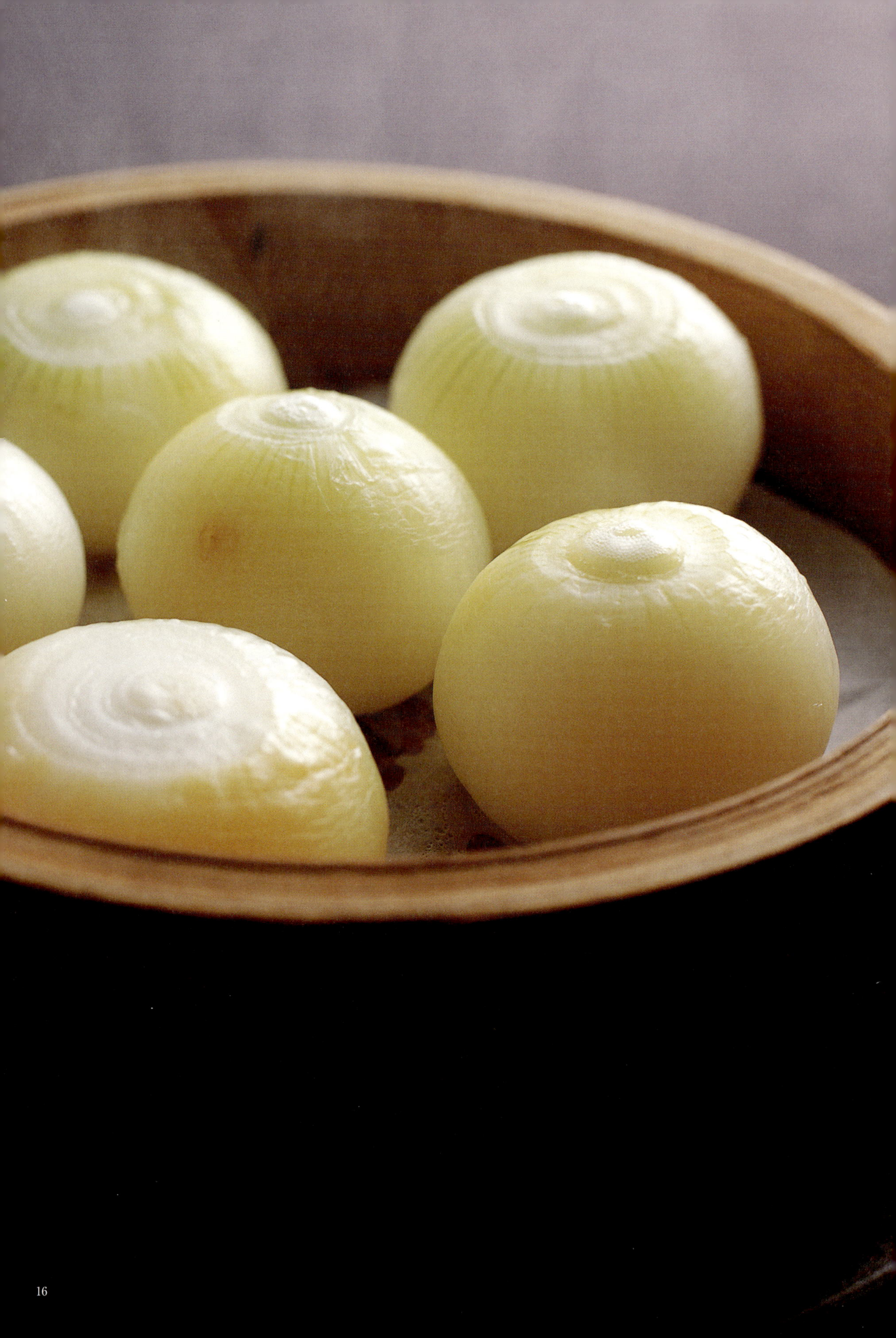

蒸し玉ねぎ

蒸し時間 15 分

玉ねぎを丸ごと蒸すと、驚くほど甘味が引き出されます。くたくたにやわらかくせず、形をしっかり残して蒸し上げると食感も楽しめ、アレンジもしやすくなります。

[蒸しやすい分量] 玉ねぎ……5、6個

[蒸し方] 玉ねぎは頭とおしりを落として皮をむき、クッキングシートを敷いた蒸し器に並べ、15分蒸す。温かいうちに食べやすい大きさに切り、粗塩とゴマ油のたれ（P.9「シンプルに食べる」参照）でいただく。

アレンジ・1
玉ねぎのチーズ焼き

蒸し玉ねぎに火がとおっているので、上にのせたチーズをこんがり焼くだけ。コクはあるけれどあと味はさっぱりしているので、朝ご飯や肉料理のつけ合わせにぴったりです。

材料（4人分）
蒸し玉ねぎ……2個
ピザ用チーズ……60g
粉チーズ……大さじ1

1 蒸し玉ねぎは横半分に切り、断面を上にしてピザ用チーズをのせ、粉チーズをふる。
2 温めておいた220℃のオーブンで5分焼く。オーブントースターを使うときは、表面のチーズに焼き色がつくくらいが目安。

アレンジ・2
玉ねぎの豆板醤あえ

大きめの輪切りにして、豆板醤とゴマ油であえました。玉ねぎにとろみがあるので、箸先で簡単にからみます。温かいうちでも、冷たくしてもおいしい！

材料（4人分）
蒸し玉ねぎ……2個
A ┌ ゴマ油……大さじ1
　└ 豆板醤……小さじ1

蒸し玉ねぎは1cm幅の輪切りにし、混ぜ合わせたAであえる。

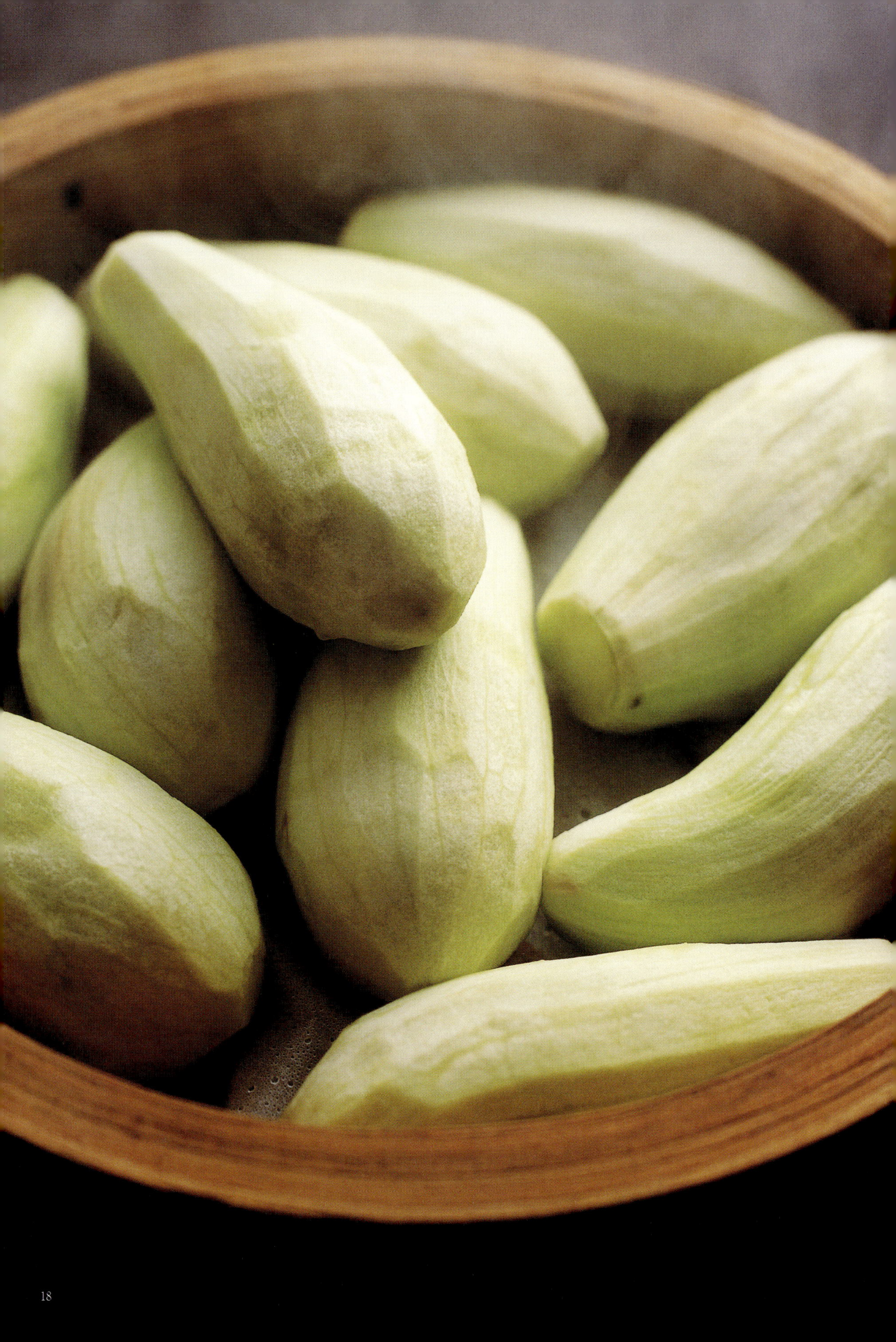

蒸しなす

蒸し時間 7～8 分

私は、なすは蒸すのがいちばん好きです。油との相性もいいけれど、丸ごと蒸すと食べごたえがあるのに低カロリーで、たっぷりの汁気とほのかな甘さが味わえます。コツは皮をむくこと。そして、皮をむいたら色が変わらないうちに、すぐ蒸すことです。

［蒸しやすい分量］なす……10本

［蒸し方］なすはヘタを落として皮をむき、クッキングシートを敷いた蒸し器に並べ、7～8分蒸す。温かいうちに食べやすい大きさに手で裂き、粗塩とゴマ油のたれ（P.9「シンプルに食べる」参照）でいただく。

アレンジ・1
なすの香菜ゴマだれあえ

ジューシーで味の淡い蒸しなすには、コクのあるたれを合わせて。香り高い香菜とゴマだれは、中国ではポピュラーな組み合わせ。蒸しなすによく合います。

材料（4人分）
蒸しなす……4、5本
香菜（みじん切り）……2本
A ┌ 練りゴマ（白）……大さじ1½
　│ 黒酢……大さじ1
　│ しょうゆ……大さじ1
　└ 粗びき黒コショウ……少し

蒸しなすは1本を4、5等分に手で裂き、香菜とさっと合わせ、器に盛る。混ぜ合わせたAのたれをかける。

アレンジ・2
なすのみそ焼き

なすの素焼きは、丸ごとだと時間がかかり、切って焼くと水気が飛んでしまいます。でも、蒸しなすがあれば大丈夫。あっという間にでき、そのうえ油を吸わせていないので、ヘルシーです。

材料（4人分）
蒸しなす……4、5本
A ┌ ゴマ油……大さじ1
　│ みそ……大さじ1½
　└ はちみつ……大さじ½

耐熱皿に蒸しなすを並べ、混ぜ合わせたAのたれを上に塗り、温めておいた250℃のオーブンで5分焼く。オーブントースターを使うときは、表面のみそだれがカリッとなるくらいが目安。

肉を蒸す

肉は、うま味を閉じ込めて余分な脂を落とすために、
強火でできるだけ短時間で蒸し上げます。つくった当日は、
温かいうちにメインの肉料理として出し、余った分は冷蔵庫で保存。
照り焼きやチャーシュー風、炒め物や麺、サラダにと、おいしく使い回せます。

蒸し鶏 蒸し時間 20～25分

塩をもみ込んでから蒸すと、余分な脂と臭みが取れ、味もしっかりつきます。
皮の脂は塩をはじくので、塩は身のほうにすり込み、その身を内側にして
ロール状にして皮でくるみましょう。うま味や肉汁が閉じ込められ、やわらかく仕上がります。
皮の使い方で仕上がりが変わってきますよ。

[蒸しやすい分量]
鶏モモ肉……4枚（800g）
塩……小さじ1
粗びき黒コショウ……少し
酒……大さじ2

[蒸し方]
鶏肉は塩、コショウをもみ込み、酒をふってしばらくおき（できれば一晩）、
味をなじませる。クッキングシートを敷いた蒸し器に、
鶏肉の皮を外側にしてロール状に丸めて並べ、20～25分蒸す。
表面を指で軽く押し、弾力があれば蒸し上がり。

シンプルに食べる

蒸し鶏は温かいうちに食べやすい大きさに切り、白髪ねぎとともに器に盛ります。しょうゆ、黒酢、ゴマ油各小さじ1を合わせた酢じょうゆだれや、豆板醤、ゴマ油各小さじ1を合わせた辛味だれを添えていただきます。

アレンジ・1
鶏肉のチャーシュー風

しょうゆ、はちみつ、黒酢といった身近な材料を煮からめて、あっという間にチャーシューができるのは蒸してあるからこそ。時間をかけずに味に深みを出すポイントは、黒酢使い。酸の力で肉がやわらかくなり、熟成されたうま味が際立ちます。

材料（4人分）
蒸し鶏……2枚
A ┬ しょうゆ……大さじ2
　├ 黒酢……大さじ2
　├ 酒……大さじ2
　└ はちみつ……大さじ½
ゴマ油……大さじ½

1 フライパンにAを入れて火にかけ、香りが立ったら蒸し鶏を入れてよくからめる。とろりと全体にからんだら、ゴマ油を回しかける。
2 1を食べやすい大きさに切って器に盛り、フライパンに残ったたれをかける。

アレンジ・2
バンバンジー冷麺

蒸し鶏が中途半端に残ったときに、よくつくります。きゅうりと鶏肉を細く切って麺にのせ、黒酢を効かせた練りゴマのたれをかけて。肉は常温くらいのほうがうま味が引き立つので、つくる少し前に冷蔵庫から出しておきましょう。

材料（4人分）
蒸し鶏……2枚
きゅうり……2本
中華生麺……4玉
A
- 練りゴマ（白）……大さじ4
- しょうゆ……大さじ3
- 黒酢……大さじ3
- 粗びき黒コショウ……少し
- 水……大さじ1〜2

1 蒸し鶏は薄くスライスし、きゅうりは千切りにする。

2 たっぷりの熱湯で麺をゆで、冷水でよく洗って器に盛る。1の蒸し鶏ときゅうりをのせ、よく混ぜたAのたれをかける。

蒸し骨つき鶏肉 蒸し時間 18 分

扱いやすさからいえば骨なしですが、おいしさでは骨つきに軍配が上がります。肉は本来、骨の周りがおいしいといわれますし、骨からもうま味がしみ出て、蒸し上がりはしっとり。骨をつけたまま保存すれば、身もパサつきません。

［蒸しやすい分量］ 鶏モモ骨つき肉……2、3本
A ┌ 酒（または紹興酒）……½カップ
　 ├ 塩……小さじ1
　 └ 粗びき黒コショウ……少し

［蒸し方］ 鶏肉は裏側から骨に沿って切り目を入れ、Aで下味をつけて冷蔵庫で一晩おく。クッキングシートを敷いた蒸し器に、鶏肉の皮を下にして並べ、18分蒸す。

材料（4人分）
蒸し骨つき鶏肉 …… 1、2本
グリーンカール …… 適量
春巻きの皮 …… 1～2袋（10～20枚）
甜面醤 …… 適量
豆板醤 …… 適量
粗塩 …… 適量

春巻きの皮は、ぴったり重ならないように軽くずらして四つ折りにするとムラなく蒸せる

アレンジ
鶏肉の蒸し春巻き

春巻きの皮を蒸すと、北京ダックの皮のようになります。骨つき鶏肉をほぐしてこれで巻けば、やみつきになる味わい。少し手はかかりますが、見た目にも喜ばれるごちそうです。

1 蒸し骨つき鶏肉は骨を外し、手で縦に粗く裂いてほぐす。グリーンカールは食べやすい大きさにちぎる。
2 春巻きの皮は1枚ずつ、軽く四つ折りにたたむ。クッキングシートを敷いた蒸し器に、皮を少しずつ重なるようにずらしながらぐるりと並べ、2～3分蒸す。
3 **2**の春巻きの皮を広げ、**1**のグリーンカールと鶏肉、好みで甜面醤や豆板醤、または粗塩をのせ、巻いて食べる。

蒸し塩豚 蒸し時間 40 分

豚のかたまり肉を蒸すと、脂がほどよく落ちてヘルシーなのはもちろん、
冷めてもかたくならず、ジューシーなおいしさが味わえます。
前日の晩にたっぷり塩をし、汁とともに流れ出た臭みは、
蒸す前にきれいにふき取りましょう。シンプルな塩味が肉のうま味を引き立てます。

[蒸しやすい分量]　豚肩ロースかたまり肉 …… 600〜800g
　　　　　　　　粗塩 …… 大さじ½
　　　　　　　　コショウ …… 少し

[蒸し方]　豚肉は3等分に切り、塩、コショウをまぶしてよくもみ込み、冷蔵庫で一晩おく。
　　　　クッキングシートを敷いた蒸し器に豚肉を並べ、40分蒸す。

シンプルに食べる

蒸し塩豚300〜400gは薄切りにし、サラダ菜とともに器に盛ります。サラダ菜で肉を巻いていただきます。

蒸し塩豚にきゅうりやトマトを合わせてレタスで巻けば、ごちそう手巻きサラダになります。好みで甜面醤をつけてどうぞ

アレンジ
豚肉とピーマンのホイコーロー

ピーマンと豚肉を炒め、黒酢ですっきりと仕上げたご飯によく合うおかずです。ゆでたり蒸したりしておいた豚肉でつくるホイコーロー。中国ではキャベツに限らず、旬の野菜を合わせます。

材料（4人分）
蒸し塩豚……150g
片栗粉……小さじ1
ピーマン……4、5個
ニンニク……1かけ
サラダ油……大さじ1

A ┃ しょうゆ……大さじ1
　┃ 黒酢……大さじ1
　┃ 酒……大さじ1
　┃ 砂糖……小さじ½
　┃ コショウ……少し

1 蒸し塩豚は薄切りにし、片栗粉をまぶしつける。ピーマンはヘタと種を除いて5mm幅の輪切りにする。ニンニクはたたいてつぶす。

2 フライパンにサラダ油を熱して1の蒸し塩豚を炒め、油が回ったら、ピーマンを加えて炒め合わせる。混ぜ合わせたAで調味し、ニンニクを加えて、香りが立つまでさらに炒める。

豆腐を蒸す

豆腐は、蒸すと味と香りがグッと濃くなり、
食べごたえのある食感になります。
合わせだれを添えるだけで、ご飯のおかずになるほど。
蒸してストックしておけば、水きりする手間もなく、
炒め物や煮物などの料理にも使いまわせます。
保存には水分の少ない木綿がおすすめです。

蒸し豆腐 蒸し時間 15 分

ほどよく水分が抜け、大豆の甘味とうま味が存分に引き出された
蒸し豆腐は、なにもつけずに食べてもいいくらいのおいしさ！
蒸す前の豆腐はくずれやすいので、蒸し器の中で切り分けるのがポイントです。

［蒸しやすい分量］ 豆腐（木綿でも絹でも）……3丁

［蒸し方］ 豆腐は形がくずれやすいので、クッキングシートを敷いた蒸し器に並べてから、それぞれ4等分に切り分ける。
包丁を切り口に添えたまま、そっとずらすとよい。15分蒸す。

シンプルに食べる

蒸し豆腐は温かいうちに器に盛って好みのたれでいただきます。蒸している間に混ぜるだけのたれを用意。しょうゆ、黒酢、ゴマ油を合わせた酢じょうゆだれ、豆板醤にゴマ油を加えた辛味だれ（各P.21「シンプルに食べる」参照）、練りゴマ大さじ1に粗塩小さじ½強を混ぜたゴマだれを好みで添えます。

アレンジ・1
豆腐と青ねぎの炒め合わせ

蒸し豆腐は形がくずれにくく、炒め物向きです。皿に盛ったあとに水が出てこないのも、うれしいですね。手早くつくりたいときこそ炒め物の出番ですから、火のとおりの早い青ねぎと豚こま肉を使います。ねぎに火をとおしすぎないよう、手早く炒めてください。

材料（4人分）
蒸し豆腐……1丁
わけぎ（または九条ねぎ）……1束
豚こま切れ肉……150g
サラダ油……大さじ1
A ┌ 酒……大さじ1
　├ しょうゆ……大さじ1½
　└ はちみつ……小さじ1

1　蒸し豆腐は1.5cm角に切る。わけぎは1cm幅の斜め切りにする。
2　フライパンにサラダ油を熱し、豚肉を炒める。色が変わったら、混ぜ合わせたAと**1**の蒸し豆腐を加えてよくからめる。
3　**1**のわけぎを加え、さっと炒め合わせる。

アレンジ・2
豆腐としいたけのみそ煮

蒸し豆腐と干ししいたけでつくる、簡単煮物。蒸し豆腐は水気が少ないので、煮汁をよく吸って味がしみやすく、短時間でできる利点があります。豆の味がしっかり感じられ、食べごたえも抜群です。

材料（4人分）
蒸し豆腐……1丁
干ししいたけ……4〜6枚
サラダ油……大さじ1
A ┌ 酒……大さじ3
　├ みそ……大さじ1½
　└ 水……½カップ
水溶き片栗粉
［片栗粉小さじ½　水大さじ1］

1　干ししいたけは水で戻し、軸を除いて半分に切る。蒸し豆腐は4等分に切る。
2　鍋にサラダ油を熱し、**1**の干ししいたけを入れて香りが立つまで弱火で炒める。蒸し豆腐を加えたら火を強め、混ぜ合わせたAを加える。
3　煮立ったら弱火にし、ふたをして10分煮る。ふたをあけて再び火を強め、水溶き片栗粉を回し入れ、とろみをつける。

豆腐の鶏団子蒸し

ひと手間かけて

蒸し時間 **12** 分

鶏肉のうま味が豆腐にうつり、少量の肉でもボリュームのあるおかずになります。鶏団子も水気のある豆腐の上で蒸されるので、ふんわりやわらかい蒸し上がり。仕上げにパセリをたっぷり散らすのが、わが家流。香りと彩りがよく、栄養価もアップします。

材料（4人分）
- 豆腐（絹ごし）……2丁（400g）
- 鶏ひき肉（モモ）……200g
- A
  - 粗びき黒コショウ……少し
  - 酒……大さじ1
  - ショウガ（みじん切り）……1かけ
  - 長ねぎ（みじん切り）……10cm
  - しょうゆ……大さじ1
  - 塩……小さじ1/5
  - ゴマ油……大さじ1
  - 生パン粉……10g
- パセリ（みじん切り）……適量

1 蒸し器にクッキングシートを敷き、豆腐をのせてそれぞれ4等分に切る。湯気がよく回るよう、包丁を入れたまま少しずらして間隔をあける。豆腐の上をスプーンでくり抜いて小さなくぼみをつくり、くり抜いた豆腐はとっておく。

2 ボウルにひき肉を入れ、Aを表記の順に加える。**1**でくり抜いた豆腐も加え、粘りが出るまで混ぜる。

3 **2**の肉だねを8等分してボール状に丸め、**1**の豆腐のくぼみにのせて12分蒸す。

4 器に**3**を盛り、熱いうちにパセリをふる。

失敗なしの、たれのつくり方をお教えしましょう

わが家の基本のたれは、「塩＋ゴマ油」と、酸味を少し効かせた「しょうゆ＋ゴマ油＋酢」。どれも身近な調味料です。ゴマ油の代わりに香りのいいオリーブオイルを使ったり、酢もすっきりした酸味の米酢、コクのある黒酢など、好みで選んでください。

この「塩＋ゴマ油」「しょうゆ＋ゴマ油＋酢」がたれの基本なので、ここに香辛料や香味野菜をたせば、いくらでも味の幅が広がります。辛味を加えたいなら、唐辛子やラー油、コショウ、マスタードを加える、といった具合に。ただ、豆板醤、ゆずコショウ、豆豉のように、塩気のある調味料を使うときは、基本のたれの塩分を加減してください。また、花椒やゴマを使うなら、炒ったりすったりのひと手間で、さらに香りがよくなります。刻んだねぎやショウガなど、香味野菜を加えるのもいいですね。

ここでは中国でポピュラーな、豆板醤と豆豉を使ったたれをご紹介します。風味豊かなたれで、蒸し料理を楽しんでください。

豆板醤のたれ

豆板醤のねぎだれ
混ぜるだけで簡単。
ねぎの風味がアクセントに

材料とつくり方
豆板醤……大さじ2
ゴマ油……大さじ3
長ねぎのみじん切り……1/2本分

材料をすべて混ぜ合わせる。

豆板醤の黒酢だれ
加熱すると香りが立つ豆板醤。
酸味とコク、甘味をプラスします

材料とつくり方
豆板醤、サラダ油、黒酢、
　はちみつ、酒……各大さじ2
花椒……小さじ1

小鍋にサラダ油と花椒を入れて火にかけ、香りが立ったら残りの材料を加えてひと煮立ちさせる。

豆豉のたれ

豆豉の香味だれ
黒豆を発酵させた豆豉は健康食品。
じっくり炒めて使います

材料とつくり方
豆豉……50g
サラダ油……大さじ3
長ねぎのみじん切り……1/2本分
ショウガのみじん切り……1かけ分
酒……大さじ2

小鍋にサラダ油と豆豉を入れてじっくり炒め、カリッとしてきたら長ねぎ、ショウガを加えて、酒で香りをつける。

豆豉のピリ辛だれ
ひと手間かけたおいしさに納得！
蒸し野菜によく合います

材料とつくり方
豆豉……50g
赤唐辛子……2本
サラダ油……大さじ2
水……1カップ
顆粒鶏がらスープ……小さじ1
酒、ゴマ油……各大さじ1

豆豉と唐辛子はざっくり刻み、サラダ油を熱した小鍋で炒める。香りが立ったら顆粒鶏がらスープを水に溶かして加え、半量になるまで煮詰め、酒、ゴマ油で香りをつける。

家族を待たせない「あっという間の蒸しおかず」

少しの下準備で料理がらくちんになるのはわかっていても、ちょっとした余裕さえない日もあります。何をつくるか考える時間もない日は、まずは野菜を蒸し始めましょう。蒸している間にたれやあえ衣を準備すればいいのです。肉や魚があるなら、蒸し器のお湯が沸くまでの時間を下ごしらえにあてて。野菜と一緒に蒸せば、一品でバランスのいいおかずができますよ。

蒸し時間10分以内の野菜おかず

今まで焼いたりゆでたりしていた野菜を蒸してみると、素材のおいしさがより引き出されて、蒸し料理の魅力が実感できます。野菜の味が濃くなるので、少しの手間でおかずが完成！どれもあっという間にできますから、食べる時間を見計らって蒸したてを出してください。

蒸しれんこんの梅あえ

蒸し時間 10分

調理法によって、いろいろな表情を見せてくれるれんこん。
なかでも、蒸したれんこんのシャッキリした食感が、私は大好きです。
大きめに切って、梅肉とはちみつを使った、
酸味と甘味のバランスのよいたれであえました。

材料（4人分）
れんこん……2節（400g）
A ┌ 梅肉……大さじ1
  │ オリーブオイル……大さじ1
  └ はちみつ……小さじ1

1 れんこんは皮をむいて、酢水（分量外）に5分つけて水気をきる。
2 クッキングシートを敷いた蒸し器に1のれんこんを並べ、10分蒸す。
3 蒸し上がったら1cm厚さの輪切りにし、熱いうちに混ぜ合わせたAであえる。

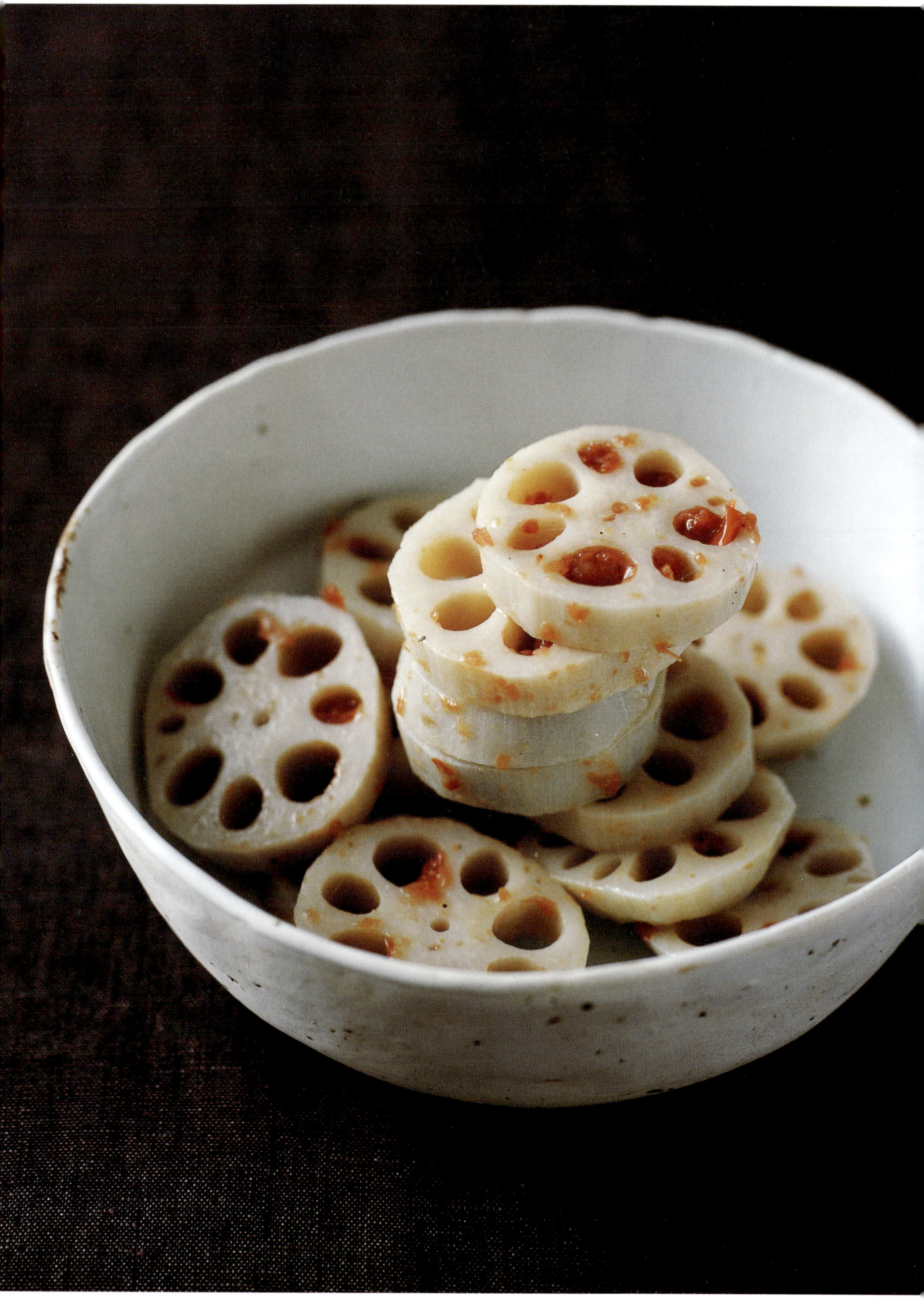

蒸し時間 **2** 分

蒸しブロッコリーの豆豉だれ

ブロッコリーをさっと蒸して、きれいな緑色になった瞬間に取り出します。
野菜は色が鮮やかになったときが、おいしく火がとおったサインです。

材料（4人分）
ブロッコリー……1株
A ┬ 長ねぎ（みじん切り）……10cm
　├ 豆豉……大さじ1
　├ 酒……大さじ1
　├ サラダ油……大さじ1½
　└ 粗びき黒コショウ……少し

1　ブロッコリーは小房に分け、塩水（分量外）に2〜3分ほどつけて水気をきる。
2　クッキングシートを敷いた蒸し器に**1**のブロッコリーを並べ、強火で2分蒸す。
3　フライパンにAを入れて火にかけ、香りが立つまで炒め、**2**にかけてあえる。

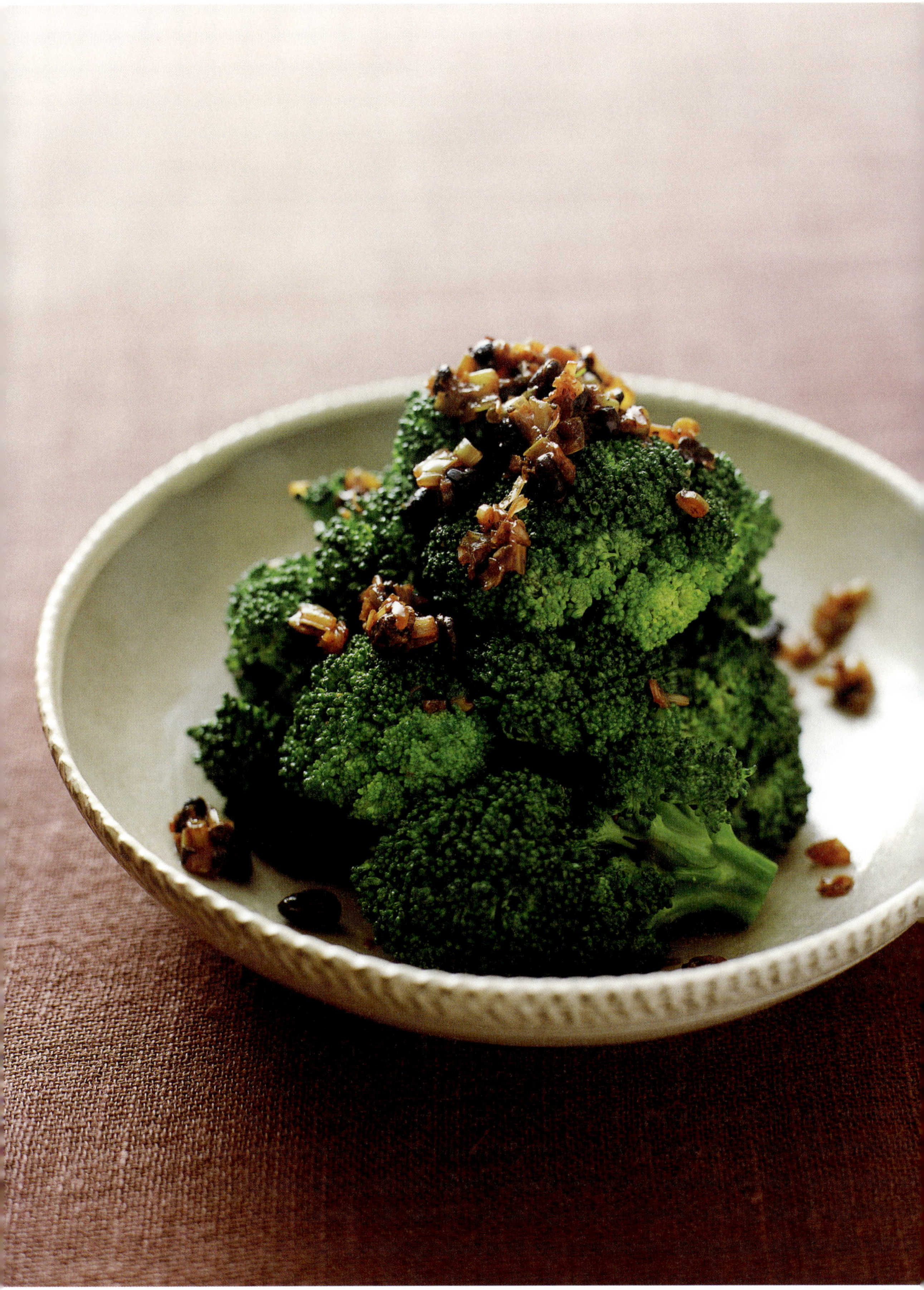

蒸し時間 **5** 分

蒸しカリフラワーの
ゆずコショウあえ

蒸すと5分、ゆでると2分。時間のない日は塩ゆでしてしまうこともあるけど、
蒸すと断然おいしさが違います。
味と食感がしっかりしていて、ピリ辛のゆずコショウだれがよく合います。

材料（4人分）
カリフラワー……1株
A ┌ ゴマ油……大さじ1
　 └ ゆずコショウ……小さじ1

1　カリフラワーは茎の下のほうから4等分に切る。
2　クッキングシートを敷いた蒸し器に1のカリフラワーを並べ、5分蒸す。
3　器に2を盛り、混ぜ合わせたAのたれをかける。

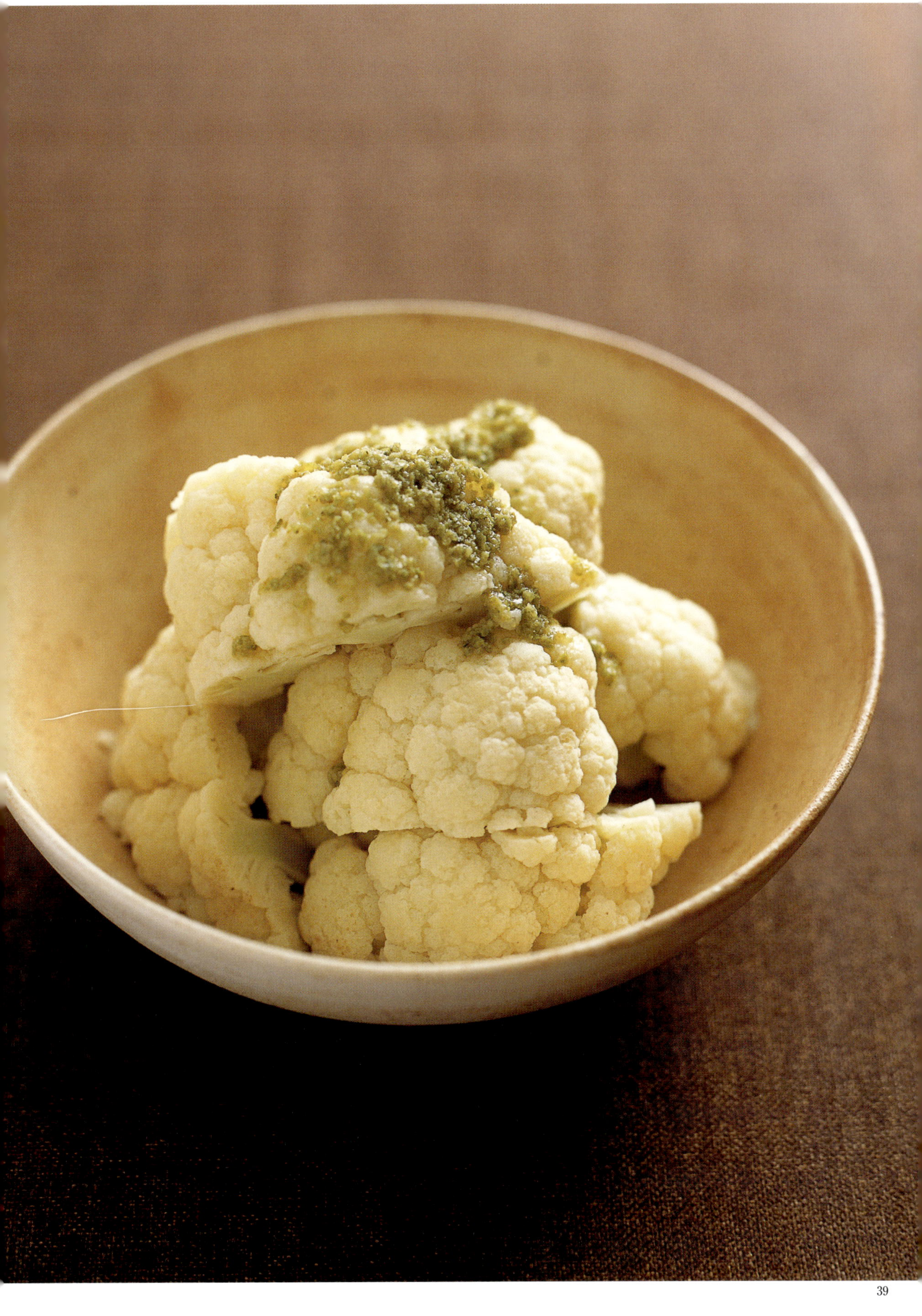

蒸し時間 ２ 分 ３０ 秒

蒸しチンゲン菜の
ねぎ油ソース

チンゲン菜のように、葉と軸の厚さに差のあるものは、
切り分けて時間差蒸しにすると、上手に蒸せます。
干しエビを加えたねぎ油は、簡単につくれるうま味だれです。

材料（4人分）
チンゲン菜……4株
干しエビ……20g
長ねぎ……10cm
サラダ油……大さじ1
酒……大さじ1
しょうゆ……大さじ1
塩……ひとつまみ
粗びき黒コショウ……少し

1 チンゲン菜は長さを2等分してから、軸を縦半分に切る。干しエビはざく切りにする。長ねぎは斜め薄切りにする。
2 クッキングシートを敷いた蒸し器に**1**のチンゲン菜の軸を並べ、2分蒸す。ふたをあけ、葉を上にのせてふたを戻し、さらに30秒蒸す。
3 フライパンにサラダ油、**1**の長ねぎ、干しえびを入れて火にかけ、香りが立って長ねぎがしんなりするまで炒め、酒、しょうゆ、塩を加える。ひと煮立ちしたらコショウを加える。
4 器に**2**を盛り、**3**のソースをかける。

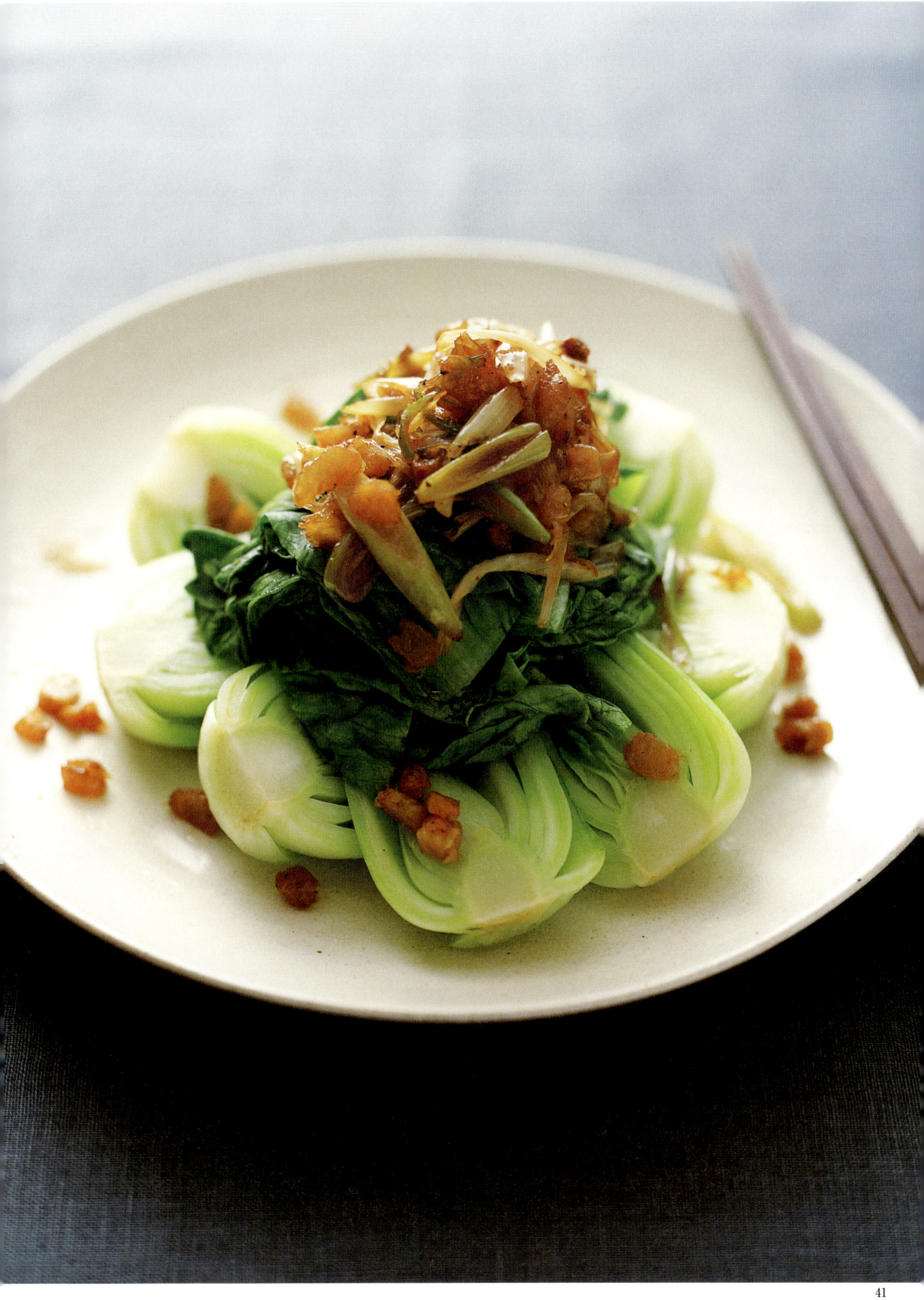

蒸し時間 10 分

蒸しカブの
はちみつ辛子漬け

カブは実のやわらかさに対して、皮が意外にしっかりしています。
ムラなく加熱したいので、皮はむいて使いましょう。
蒸している間に、練り辛子、はちみつ、黒酢などで漬け汁を用意。
カブが温かいうちに浸し、漬け汁の中で冷ますと味がよくしみます。

材料(4人分)
カブ……4、5個
A
- 黒酢……大さじ2
- 練り辛子……大さじ1
- ゴマ油……大さじ1
- はちみつ……大さじ½
- 塩……小さじ⅓

1 カブは皮をむいて4等分のくし形に切る。
2 クッキングシートを敷いた蒸し器に**1**のカブを並べ、10分蒸す。
3 蒸し上がったら、よく混ぜ合わせたAに入れてしばらく漬ける。汁と一緒に器に盛る。

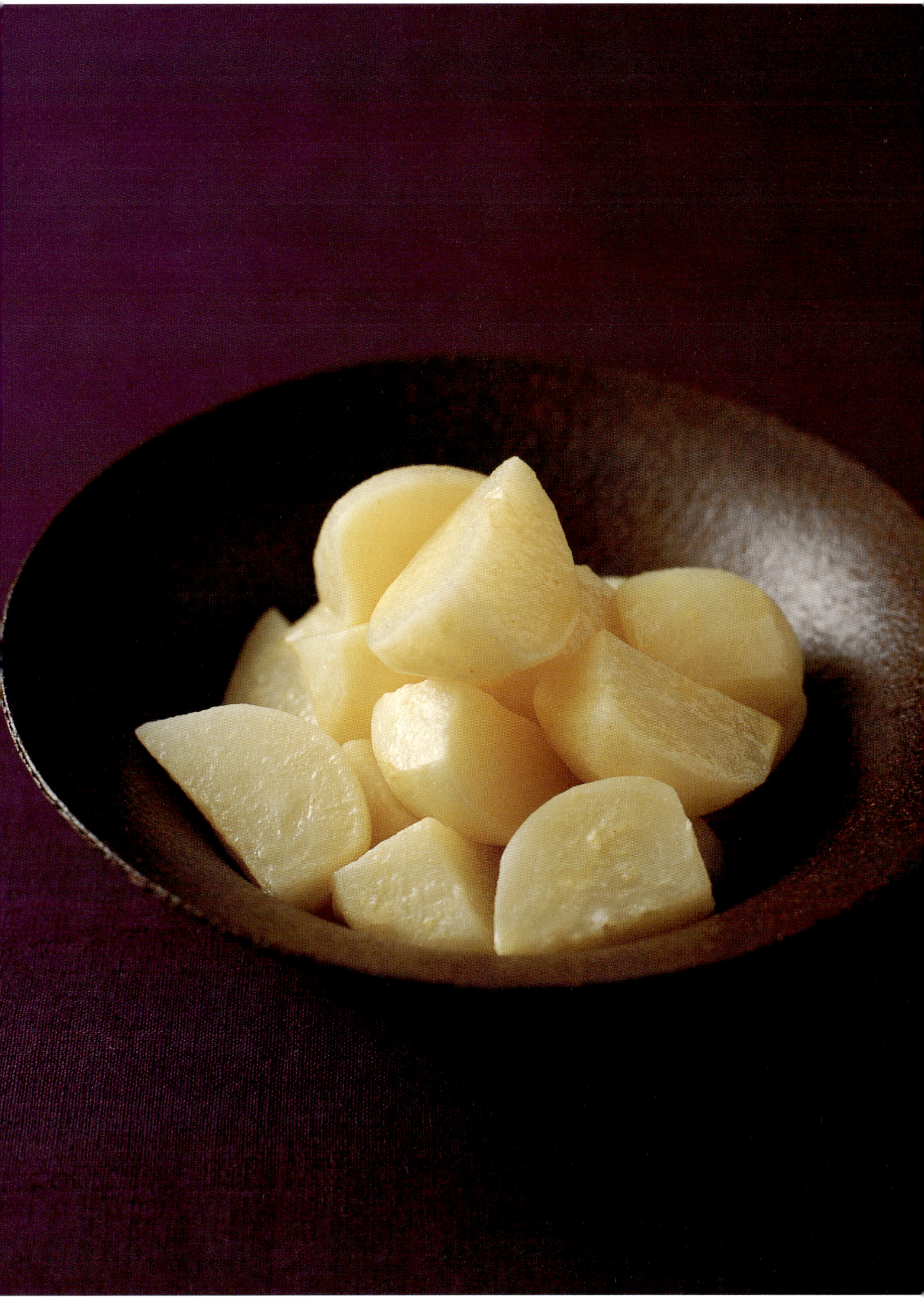

蒸し時間 **10** 分

蒸し枝豆ととうもろこしの塩コショウ

枝豆もとうもろこしも、蒸すと味の濃さが違います。
とくにとうもろこしは、一粒一粒がはちきれんばかりにふっくら！
かめばみずみずしい甘さが広がり、
塩、コショウをふるだけで、いくらでも食べられます。

材料（4人分）
枝豆……200g
とうもろこし……2本
粗塩……少し
粗びき黒コショウ……少し

1 枝豆はひとつかみの塩（分量外）でよくもんでから、水洗いする。とうもろこしは皮とひげを取り除く。
2 クッキングシートを敷いた蒸し器に**1**の枝豆ととうもろこしを並べ、10分蒸す。熱いうちに塩、コショウをふる。

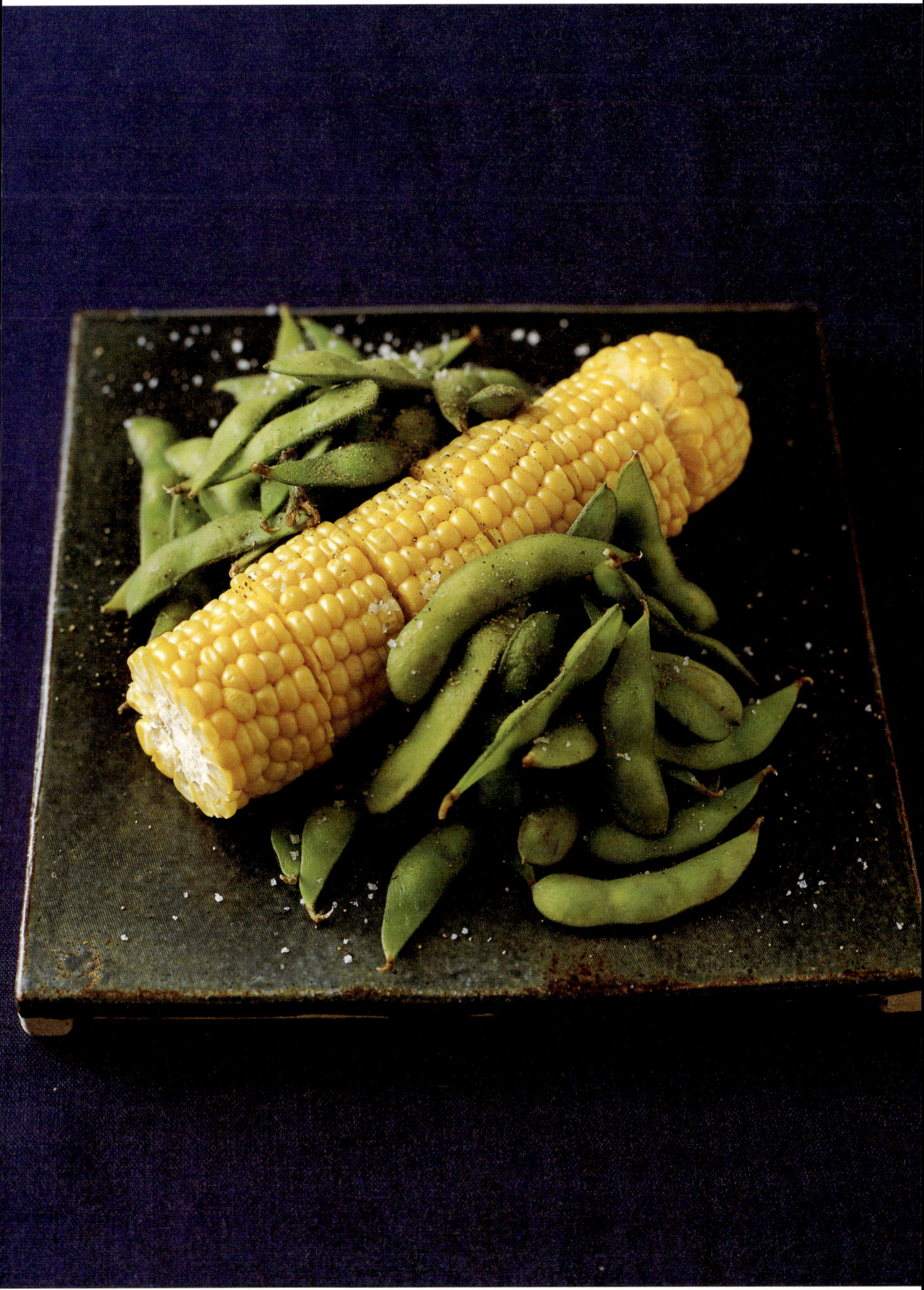

蒸し時間 5 分

蒸しパプリカの
ナッツあえ

みずみずしく蒸し上がったパプリカは、ナッツオイルの軽い食感にぴったり。
ナッツは油で炒めると、から炒りするより手早く香ばしくなって、おすすめです。

材料（4人分）
パプリカ（赤・黄）……各2個
A ┬ くるみ……10g
　├ 松の実……10g
　├ サラダ油……大さじ2
　└ いりゴマ（白）……大さじ1
粗塩……小さじ2/3

1　パプリカは4等分のくし形に切り、ヘタと種を除く。
2　クッキングシートを敷いた蒸し器に、**1**のパプリカを皮面を上にして並べ、5分蒸す。
3　フライパンにAを入れて火にかけ、香りが立つまで炒める。
4　器に**2**のパプリカを盛り、**3**を熱いうちにかけて、仕上げに粗塩をふる。

47

蒸し時間20分以内の ごちそうおかず

手が少しかかっても、できたてのシューマイや茶碗蒸しのおいしさを味わえるのは、
蒸し器がある家だけの特権。ふたをあけたときにふわっと立ちのぼる湯気もごちそうです。
ほかにも、できたてはもちろん、冷めてもおいしい、
これぞ蒸し器の本領発揮！といえるおかずをご紹介します。

豚肉のシューマイ　蒸し時間 12 分

わが家のシューマイは家族だけでなく、料理教室でも人気。
なにもつけなくてもおいしく食べられるよう、
肉だねをしっかり調味し、餡を味わいます。
生パン粉を加えるのが、ふわっとやわらかい食感にする秘訣です。

肉だねは手で混ぜると体温で肉の脂が溶け出るので、箸で混ぜる。調味料を加えるたびに混ぜれば、十分に粘りも出る

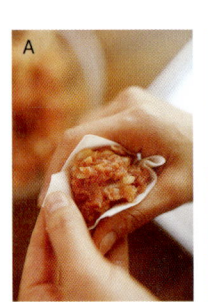

皮に、肉だね大さじ1を目安にしてのせ、親指と人さし指でつくった輪の中に落とし込むようにする(A)。指で軽く握るようにひだを寄せて包み、底を平らにならして形を整える(B)

材料(4人分)
豚ひき肉(赤身)……300g
A ┌ 粗びき黒コショウ……少し
　├ 酒……大さじ1
　├ しょうゆ……大さじ1
　├ オイスターソース……大さじ1
　├ 溶き卵……1個分
　├ 生パン粉……20g
　├ 片栗粉……大さじ1
　└ ゴマ油……大さじ1
玉ねぎ(みじん切り)……1/4個
シューマイの皮……1袋(24枚)

1　ボウルにひき肉を入れて、Aを表記の順に加え、そのつど箸で混ぜる。さらに玉ねぎを加えて混ぜ合わせる。
2　シューマイの皮に、等分した**1**の肉だねをのせて包む。
3　クッキングシートを敷いた蒸し器に**2**のシューマイを並べ、12分蒸す。

49

バリエ —①

鶏肉のシューマイ 蒸し時間 12 分

あっさりとした鶏肉は、脂が多めのモモ肉を使い、ゴマ油でコクを出します。
ほのかにショウガの香りを効かせた上品なシューマイです。

材料(4人分)
鶏ひき肉(モモ) …… 300g
A ┌ 粗びき黒コショウ …… 少し
  │ 酒 …… 大さじ1
  │ ショウガ(みじん切り) …… 1かけ
  │ 生パン粉 …… 20g
  │ 片栗粉 …… 大さじ1
  │ 溶き卵 …… 1個分
  │ 塩 …… 小さじ½
  └ ゴマ油 …… 大さじ1
シューマイの皮 …… 1袋(24枚)

1 ボウルにひき肉を入れて、Aを表記の順に加え、そのつど箸で混ぜる。
2 シューマイの皮に、等分した**1**の肉だねをのせて包む。
3 クッキングシートを敷いた蒸し器に**2**のシューマイを並べ、12分蒸す。

バリエ —②

合いびき肉のシューマイ

蒸し時間 12 分

うま味と香りのバランスのいい合いびき肉は、かくし味にみそを入れました。
こっくりとして肉のジューシーさも実感できますよ。

材料(4人分)
合いびき肉 …… 300g
A
- 粗びき黒コショウ …… 少し
- 酒 …… 大さじ1
- みそ …… 大さじ1½
- 溶き卵 …… 1個分
- 生パン粉 …… 20g
- 片栗粉 …… 大さじ1
- ゴマ油 …… 大さじ1

長ねぎ(みじん切り) …… ½本
シューマイの皮 …… 1袋(24枚)

1 ボウルにひき肉を入れて、Aを表記の順に加え、そのつど箸で混ぜる。さらに長ねぎを加えて混ぜ合わせる。

2 シューマイの皮に、等分した1の肉だねをのせて包む。

3 クッキングシートを敷いた蒸し器に2のシューマイを並べ、12分蒸す。

バリエ─③

牛肉のシューマイ 蒸し時間 12 分

牛肉100％でつくったシューマイは香り高く、ぜいたくな味わい。
粒コショウがアクセントになり、しょうゆの風味で、味も引き立ちます。

材料（4人分）
牛ひき肉……300g
A ┌ 粒黒コショウ（粗くつぶす）……大さじ½
　│ 酒……大さじ1
　│ しょうゆ……大さじ1½
　│ 生パン粉……20g
　│ 片栗粉……大さじ1
　│ 溶き卵……1個分
　└ サラダ油……大さじ1
シューマイの皮……1袋（24枚）

1 ボウルにひき肉を入れて、Aを表記の順に加え、そのつど箸で混ぜる。
2 シューマイの皮に、等分した**1**の肉だねをのせて包む。
3 クッキングシートを敷いた蒸し器に**2**のシューマイを並べ、12分蒸す。

バリエ —④

エビのシューマイ 蒸し時間 8 分

エビのぷりっとした食感を生かしたいので、肉は加えずにつくります。
代わりに鶏がらスープを少し加えて、うま味を補いました。

材料(4人分)
むきエビ……300g
A ┌ 生パン粉……30g
　│ 溶き卵……1個分
　│ 片栗粉……大さじ1
　│ ゴマ油……大さじ1
　│ サラダ油……大さじ1
　│ 顆粒鶏がらスープ……小さじ1
　│ 粗びき黒コショウ……少し
　└ 塩……ひとつまみ
シューマイの皮……1袋(24枚)

1 むきエビは包丁の腹でつぶしてから、ざく切りにし、ボウルに入れる。Aを表記の順に加え、そのつど箸で混ぜる。

2 シューマイの皮に、等分した**1**の肉だねをのせて包む。

3 クッキングシートを敷いた蒸し器に**2**のシューマイを並べ、8分蒸す。

蒸し時間 **18** 分

プレーン大鉢茶碗蒸し

わが家の茶碗蒸しは大鉢でつくります。ごちそう感も出ますし、みんなで取り分けるスタイルなら子どもたちは「自分で食べたいものを取りに行く」ことを体験できます。
食べることに意欲的なのは、大切なこと。同時に、「みんなの分を考える」気配りも学べます。
卵のやさしい味とふるふるのやわらかさを生かした、シンプルなレシピです。

溶き卵にスープを加えたら、泡立てないように混ぜて。あとでザルでこすので、全体がなじむくらいでよい

材料（4人分）
卵 …… 3個
粗びき黒コショウ …… 少し
A ┌ 顆粒鶏がらスープ …… 小さじ1
　└ 水 …… 1カップ
B ┌ しょうゆ …… 大さじ1
　└ ゴマ油 …… 大さじ1

1 ボウルに卵を割り入れて、コショウをふり、箸で切るようによく混ぜる。
2 混ぜ合わせたAを**1**に加え、泡立てないようによく混ぜたら、ザルでこしながら大きめの器に流し入れる。
3 蒸し器に**2**をのせ、強火で3分、弱火にして15分蒸す。蒸し上がったら、混ぜ合わせたBのたれをかける。

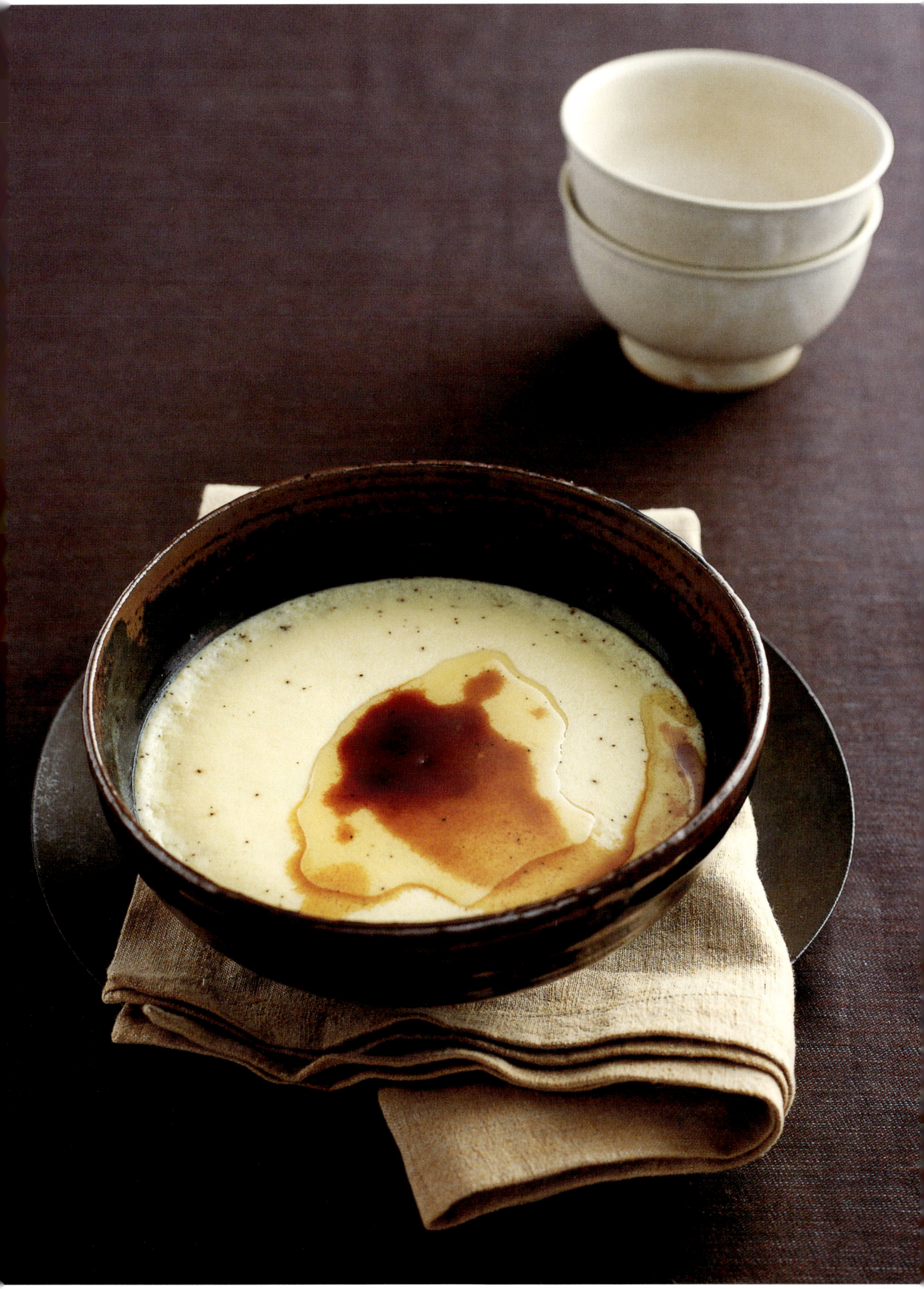

バリエ —①

蒸し時間 18 分 干しエビの茶碗蒸し

プレーンの茶碗蒸しに干しエビを加えました。乾物ならではのうま味が出て、おかず感がぐんと増します。干しエビは戻さずに使えますよ。

材料（4人分）
卵 …… 3個
干しエビ …… 20g
三つ葉 …… 1束
A ┌ 顆粒鶏がらスープ …… 小さじ1
　└ 水 …… 1カップ
B ┌ ゴマ油 …… 大さじ1
　└ 塩 …… 小さじ½

1 干しエビはざく切りにする。三つ葉は1cm長さに切る。
2 ボウルに卵を割り入れて、箸で切るようによく混ぜる。
3 混ぜ合わせたAを**2**に加え、泡立てないようによく混ぜたら、ザルでこしながら大きめの器に流し入れて、**1**の干しエビをまんべんなくふり入れる。
4 蒸し器に**3**をのせ、強火で3分、弱火にして15分蒸す。蒸し上がったら、混ぜ合わせたBのたれをかけ、**1**の三つ葉を散らす。

バリエ — ❷

あさりとグリーンピースの具だくさん茶碗蒸し

鶏がらスープの代わりに、酒蒸ししたあさりの蒸し汁を使いました。
グリーンピースのやさしい甘味は、
あさりのだし、エビの食感と合わさると絶品です。

蒸し時間 **18** 分

材料（4人分）
卵 …… 3個
あさり（殻つき）…… 250g
むきエビ …… 80g
グリーンピース …… 50g
酒 …… ½カップ
塩 …… 小さじ¼
コショウ …… 少し
ゴマ油 …… 大さじ½

1 あさりは砂出しする。むきエビは背ワタを除いて下ゆでする。

2 鍋に**1**のあさりとグリーンピース、酒を入れて煮立て、ふたをして2～3分酒蒸しにする。あさりの口があいたら火を止め、アサリとグリーンピースを蒸し汁と分けて、あさりは殻から身を外す。

3 ボウルに卵を割り入れて、箸で切るようによく混ぜ、**2**の蒸し汁を水（分量外）と合わせて2カップにして、加え混ぜる。

4 大きめの器に**2**のあさり、グリーンピース、**1**のむきエビを入れ、**3**の卵液をザルでこしながら加え、塩、コショウで調味する。

5 蒸し器に**4**をのせ、強火で3分、弱火にして15分蒸す。蒸し上がったら、ゴマ油をかける。

さつまいもと豚肉の重ね蒸し

蒸し時間 10 分

今までわが家で食べた人みんなが、「おいしい！」と声を上げてくれた人気の一品です。
ポイントは、しょうゆと酒で下味をつけた豚肉に上新粉をまぶすところ。
小麦粉や片栗粉で代用すると、粉っぽくなったり、
時間がたったときにかたくなってしまいます。
蒸すときは上新粉。ほかの素材を蒸すときにも覚えておくと役立ちます。

材料（4人分）
さつまいも……1本（300g）
豚ショウガ焼き用肉……300g
A ┌ しょうゆ……大さじ2
  │ 酒……大さじ1
  │ 塩……少し
  └ 粗びき黒コショウ……少し
上新粉……大さじ2

［上新粉］うるち米を洗って乾燥させ、製粉加工したもの。加熱すると粘り気が出るため、食材にまぶして蒸すと水分やうま味が流れ出るのを防ぐ膜になる

1 さつまいもは皮つきのまま斜め薄切りにする。豚肉はAで下味をつけ、上新粉をまぶしつける。
2 **1**の豚肉1枚ずつに、さつまいもを1枚ずつのせ、豚肉を二つ折りにしてはさむ。
3 クッキングシートを敷いた蒸し器に、**2**を少しずつ重なるようにずらしながらぐるりと並べ、10分蒸す。

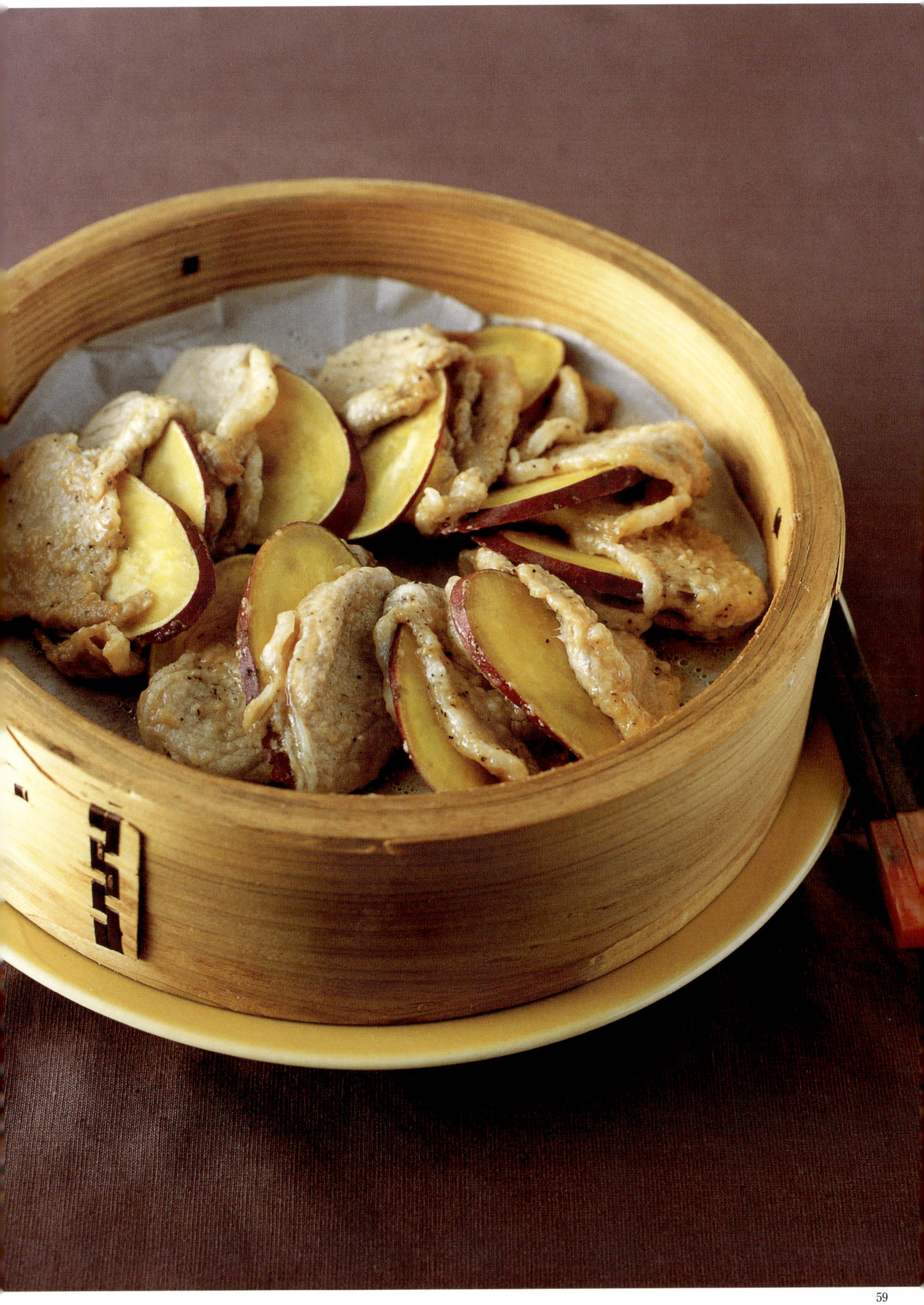

蒸し時間 5〜6 分

かぼちゃとはんぺん、ちくわの蒸しもの

ヘルシーで安価、加熱なしに食べられる手軽な練り製品は、
蒸すとふっくらして、口当たりがよくなります。
かぼちゃと一緒に蒸して、スパイシーなたれをからめれば、
ご飯のすすむメインおかずになりますよ。

蒸し器にのせる際は、かぼちゃを下にし、火がとおっている練り製品を上にのせると、ムラなく蒸せるうえ、練り製品のうま味がかぼちゃにうつる

花椒と調味料を合わせて加熱すると、たれの風味が引き立つ。油と水分が分離してはねないよう、フライパンを揺すりながら煮立てるのがポイント

材料（4人分）
かぼちゃ……1/4個（300g）
はんぺん……200g
ちくわ……200g
花椒……小さじ1/2
A［しょうゆ……大さじ3
　　黒酢……大さじ3
　　酒……大さじ2
　　サラダ油……大さじ1］

1　かぼちゃは種とワタを除き、ところどころ皮をむいて2cm幅のくし形に切る。はんぺんとちくわは、それぞれ斜め半分に切る。花椒はフライパンでから炒りし、すり鉢などですりつぶす。
2　クッキングシートを敷いた蒸し器に1のかぼちゃを並べ、上にはんぺんとちくわをのせて5〜6分蒸す。
3　フライパンに1の花椒とAを入れ、火にかけて煮立てる。
4　器に2を盛り、3のたれを添える。

61

蒸し時間 **8** 分

カジキとエリンギの酒粕蒸し

粕漬けを例にとっても、魚と酒粕の相性はいいものです。
粕は風味が豊かで、栄養もたっぷり。蒸しもの以外にも、
シチューや鍋、スープのコク出しなど、いろいろな料理に重宝します。

酒粕はポソポソしてほぐしにくいが、蒸すと溶けてなじむので、適当に散らせばよい。上新粉をしっかりまぶすと、溶けた酒粕が流れずにカジキにつく

材料（4人分）
カジキ（切り身）……4切れ
エリンギ……4本
塩……ひとつまみ
粗びき黒コショウ……小さじ½
酒粕……大さじ3
上新粉……大さじ1
A ┌ しょうゆ……大さじ1
　├ 黒酢……大さじ1
　├ ゴマ油……大さじ1
　└ 粗びき黒コショウ……少し

［酒粕］清酒のもろみから清酒を絞った残りのかす。板状なので板粕とも言う。栄養豊富で体にもいい

1 カジキは表面に塩、コショウをふり、酒粕をちぎってまぶし、時間があるときは30分ほどおく。エリンギは一口大に切る。

2 クッキングシートを敷いた蒸し器に**1**のカジキを並べて上新粉をまぶしつけ、エリンギをのせて8分蒸す。

3 器に**2**を盛り、混ぜ合わせたAのたれをかける。

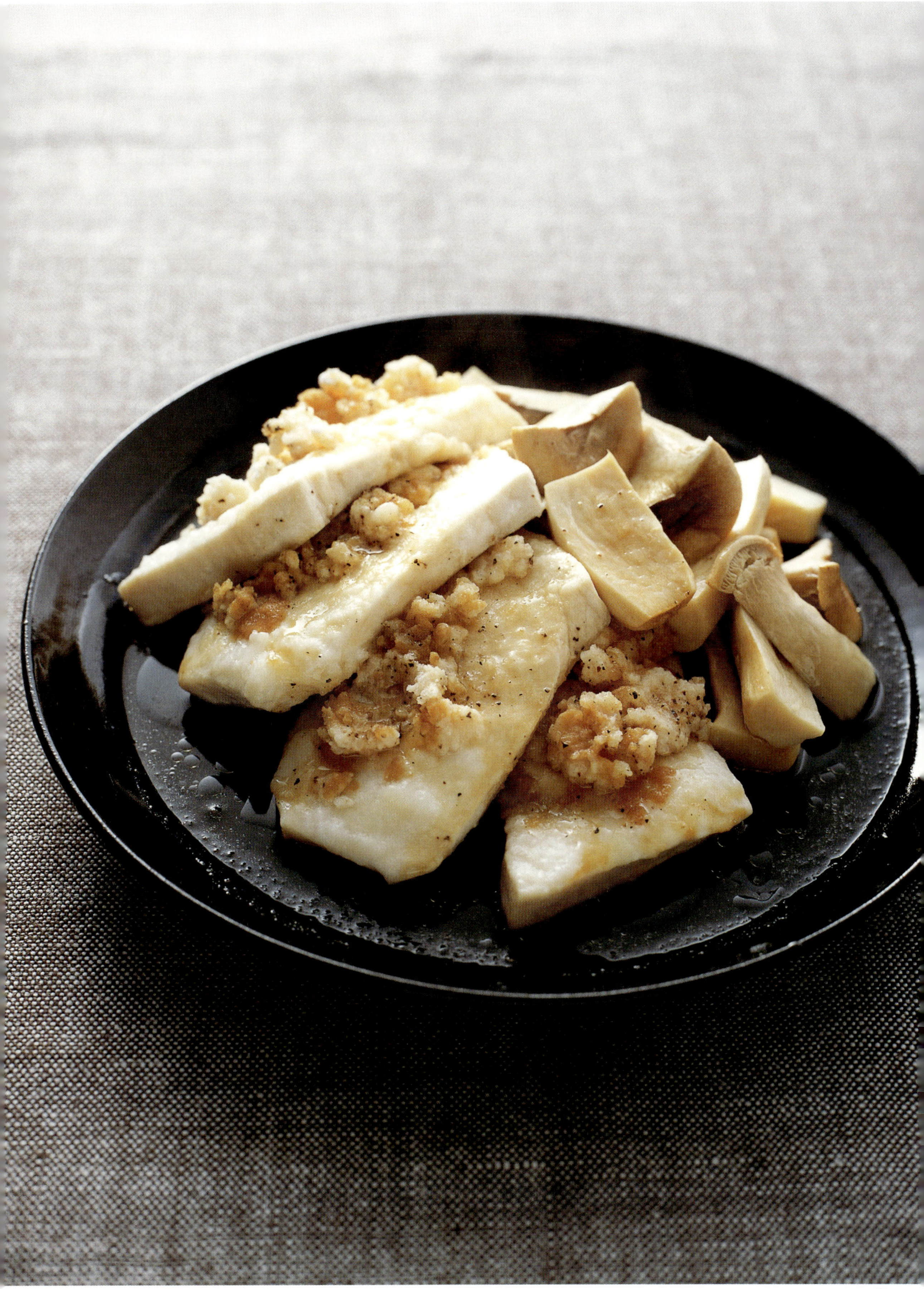

蒸し時間 **5** 分

エビと空豆の蒸しもの

エビの赤と空豆のグリーン、見た目にも華やかな一品です。
殻つきのエビを食卓で食べやすくするため、下ごしらえに少し手間がかかりますが、
キッチンバサミを使えば手早くできますよ。
ゆでると煮くずれしやすい空豆は、蒸すのがいちばん。ほくほくに仕上がります。

エビはキッチンバサミで下ごしらえすると、身がくずれにくい。身の半分あたりまで切り込みを入れると背ワタが簡単に取れる

空豆は筋に沿って真ん中あたりまで包丁を入れておくと、ムラなく蒸せる

材料（4人分）
エビ（無頭・殻つき）……12〜16尾
空豆……200g
塩……小さじ1/4
粗びき黒コショウ……少し
上新粉……大さじ1
A ┌ 粗塩……小さじ1
　└ ゴマ油……大さじ1

1 エビは背中にキッチンバサミを入れて半分まで開き、指で背ワタを取り除く（キッチンバサミで足を切り落として尾を整えておくと、より食べやすくなる）。流水できれいに洗い、ペーパータオルなどで水気をふき取り、塩、コショウで下味をつける。上新粉を全体にまぶす。

2 空豆は筋に沿って包丁を入れる。

3 クッキングシートを敷いた蒸し器の縁に沿って、**1**のエビをぐるりと並べて真ん中に**2**の空豆を置き、5分蒸す。混ぜ合わせたAのたれを添える。

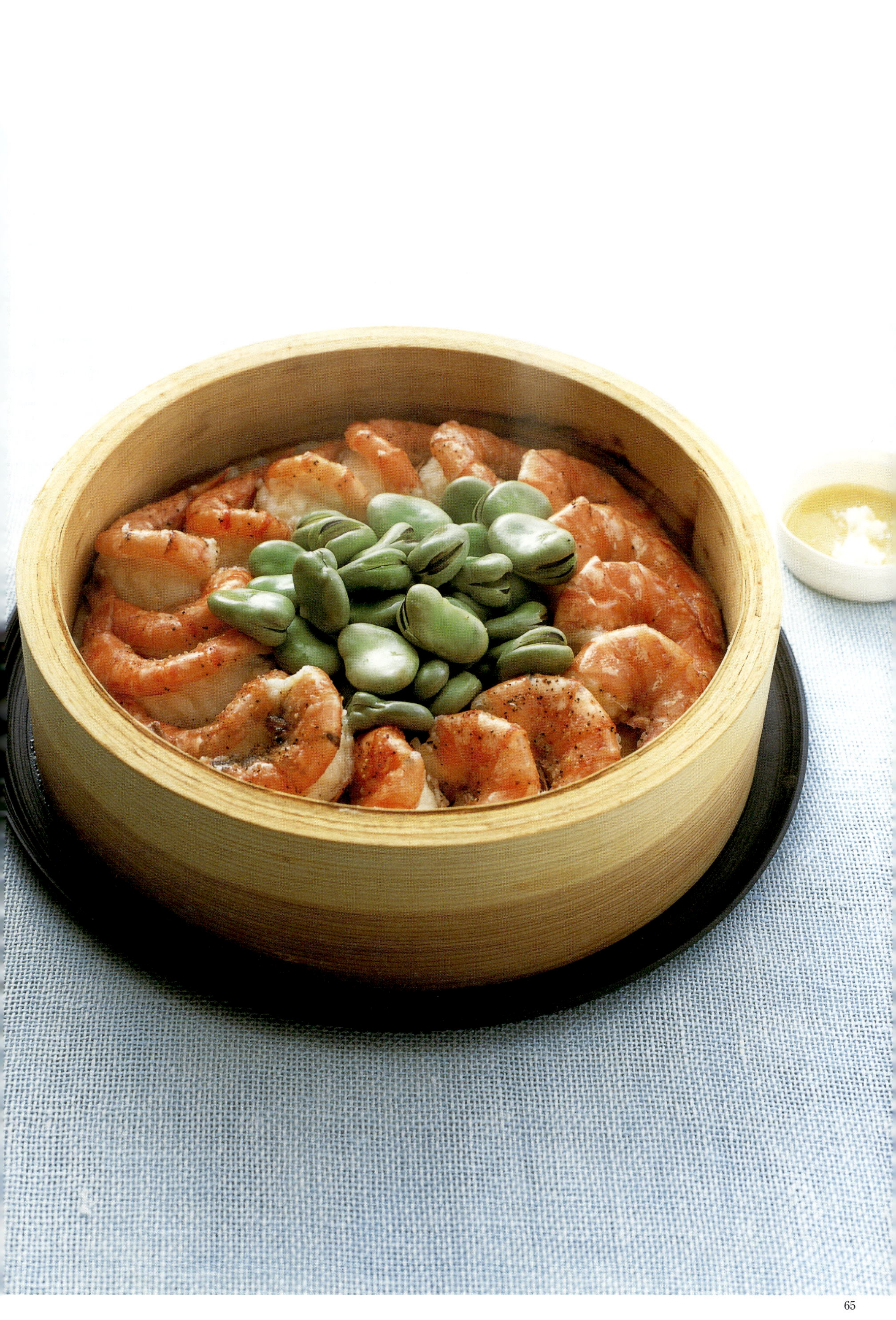

蒸し時間 **9** 分

イカの青ねぎ蒸し

イカは味が淡泊なので、濃厚なみそだれでマリネしました。
一晩漬け込んでも、たれをからめてすぐに蒸してもおいしい。
衣に使う上新粉には、口当たりをよくするだけでなく、
素材に調味料をくっつける役割もあり、味がよくからみます。

材料（4人分）
イカ……2ハイ
わけぎ……1束
A ┌ みそ……大さじ2
  │ 酒……大さじ1
  └ 粗びき黒コショウ……少し
上新粉……大さじ1

1 イカは胴からワタと足を引き抜いて軟骨を外し、胴は1.5cm幅の輪切りに、足は食べやすい長さに切る。わけぎは5cm長さの斜め切りにする。

2 ボウルにAを入れて混ぜ合わせ、**1**のイカを漬け込む。

3 **2**のイカに上新粉をまぶし、クッキングシートを敷いた蒸し器に並べ、8分蒸す。ふたをあけ、**1**のわけぎを上にのせてふたを戻し、さらに1分蒸す。イカとわけぎを合わせて器に盛る。

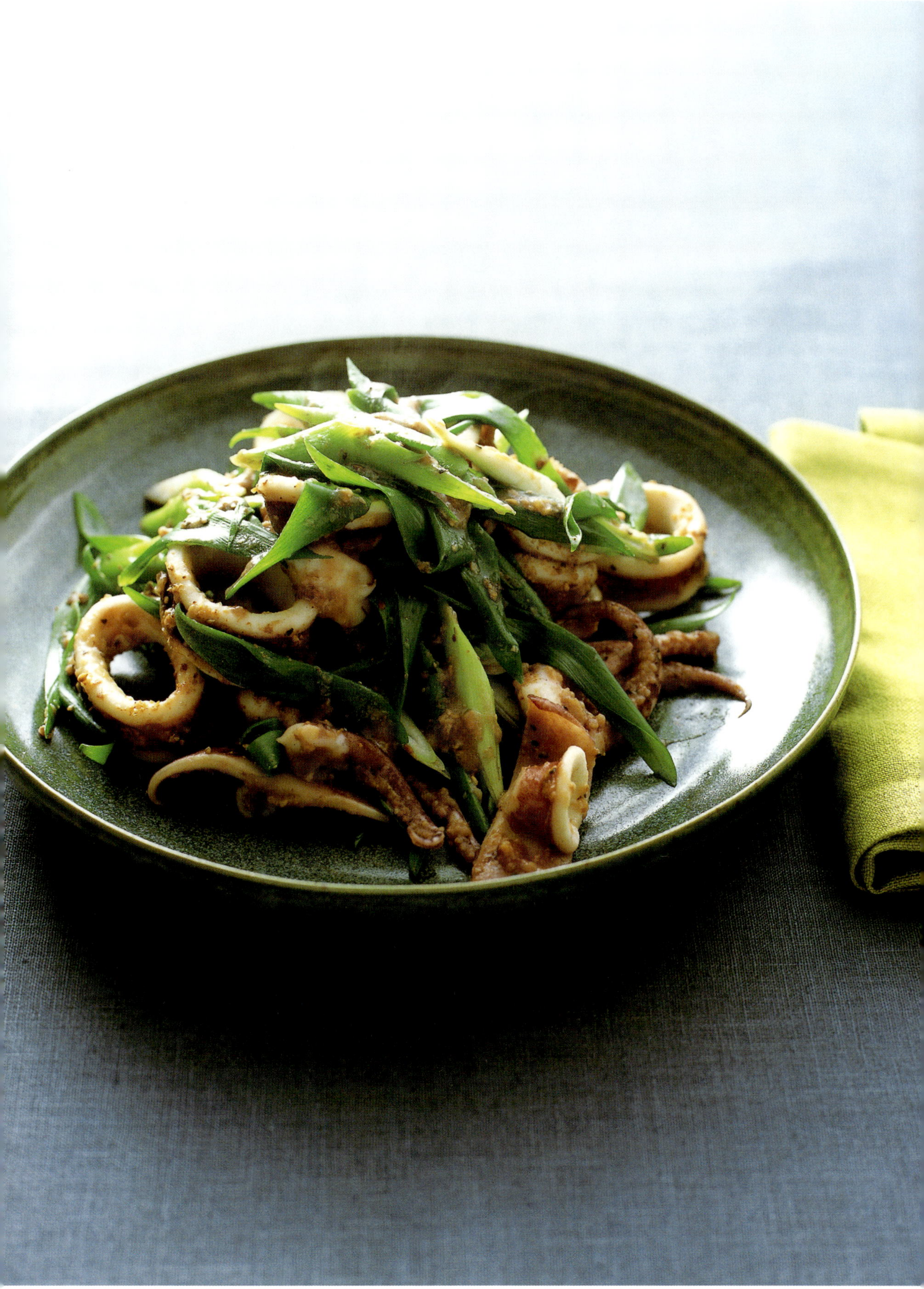

蒸し時間 7〜8分

鮭と長いもの香り蒸し

煮てよし、焼いてよしの使い勝手のいい鮭も、
蒸せば身がほろっとやわらかくなり、さらに食べ方の幅が広がります。
長いものシャリッとした食感とのメリハリが楽しい一品。
鮭の下味に中国のミックススパイス・五香粉をまぶすと生臭さが消えますよ。

材料（4人分）
生鮭……4切れ
長いも……400g
五香粉……小さじ1
A ┌ みそ……大さじ3
　├ 酒……大さじ3
　├ はちみつ……大さじ1
　└ サラダ油……大さじ1
パセリのみじん切り……大さじ2
［五香粉（ウーシャンフェン）］ 花椒、八角、シナモン、陳皮、クローブなどの数種の香辛料を粉末にした、中国のミックススパイス。肉類の下味つけのほか、塩と合わせて卓上調味料にも使える

1　鮭は五香粉をふりかけ、全体にまぶしつける。長いもは皮をむいて1.5cm厚さの輪切りにする。
2　クッキングシートを敷いた蒸し器に1の鮭と長いもを並べ、7〜8分蒸す。
3　フライパンにAを入れてよく混ぜ、火にかける。煮立って香りが立ったらパセリを加え、火を止める。
4　器に2を盛り、3のたれをかける。

ムラなく火をとおすため、鮭と長いもが重ならないように並べ、一緒に蒸す

アレンジ
鮭と長いもの混ぜご飯

鮭と長いもの香り蒸し¼量を使って、簡単に4人分のおいしい混ぜご飯ができます。長いもは食べやすいように1cm角に切り、鮭は骨を除いて、たれごと温かいご飯茶碗4杯分に加えます。鮭をほぐしながら混ぜ合わせて完成！

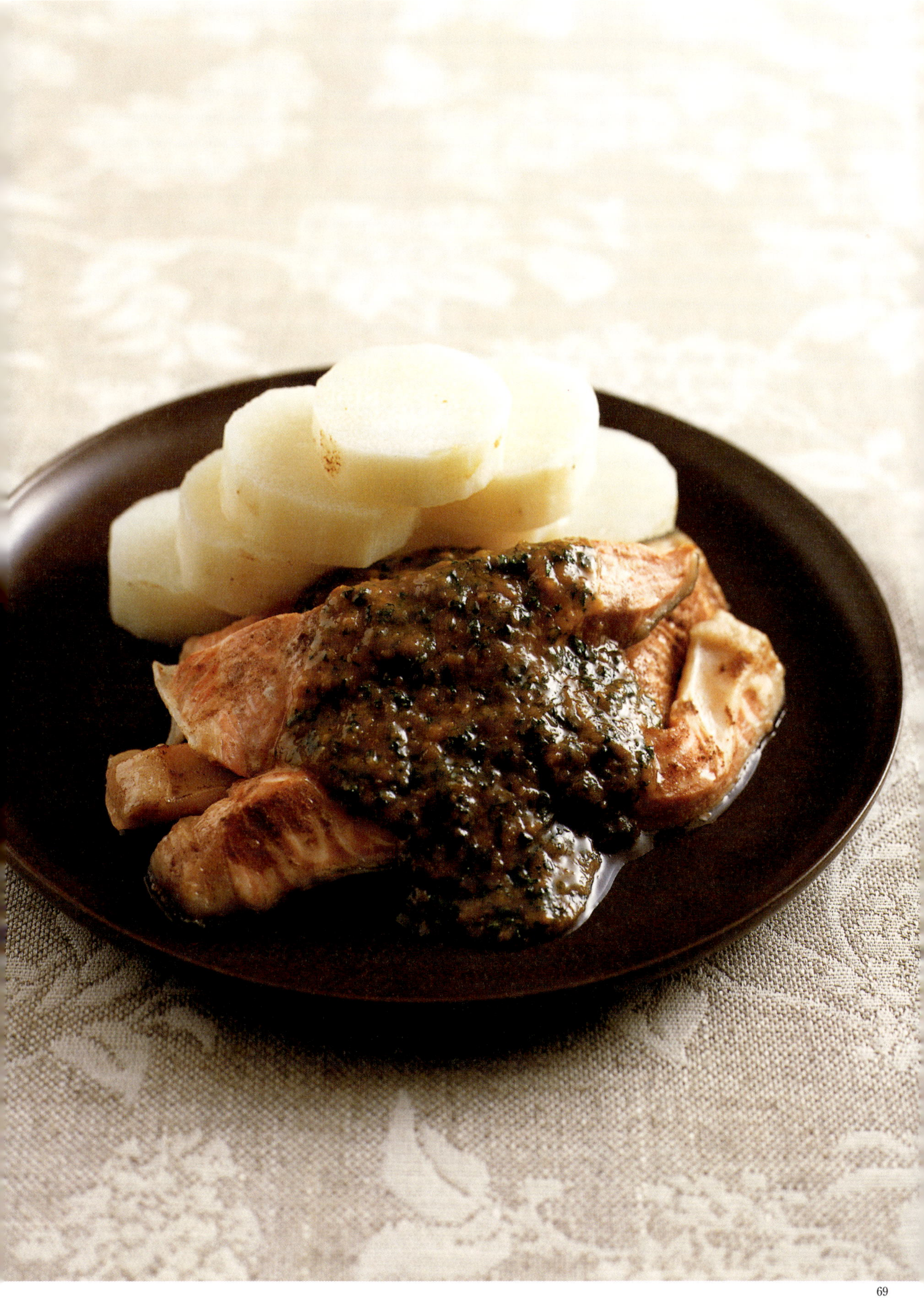

蒸し魚の香味だれ

蒸し時間 5〜6分

紅白のおめでたい色を意識して、金目鯛とたらの2種類を使いましたが、
どちらか片方でもいいですし、ほかの白身魚でもできます。
焼き加減が難しく、パサつきがちな魚は、まさに蒸し料理向き！
湯気の力でしっとりやわらかく仕上がるので、うちの子どもたちは蒸し魚が大好きです。

材料（4人分）
白身魚（生だら、金目鯛など・切り身）
　……4切れ
塩……小さじ1/3
粗びき黒コショウ……少し
酒……大さじ1
上新粉……大さじ2
A ┌ 長ねぎ（粗みじん切り）……1/2本
　│ ショウガ（みじん切り）……1かけ
　│ 黒酢……大さじ2
　│ しょうゆ……大さじ2
　└ ゴマ油……大さじ2

1 白身魚は半分に切り、塩、コショウをふって10分おき、酒をふりかけて上新粉を薄くまぶす。
2 クッキングシートを敷いた蒸し器に**1**の魚を並べ、5〜6分蒸す。
3 器に**2**を盛り、混ぜ合わせたAのたれをかける。

サワラともやしの蒸しもの ねぎソース

蒸し時間 **9** 分

身がほろほろくずれるほどやわらかいサワラのおいしさをさらに引き立てるのが、
もやしのシャキッとした食感です。もやしは蒸すと、本当においしい。
蒸し上がった熱々に、さっと炒めたねぎソースをかければ、いくらでも食べられます。

材料（4人分）
サワラ（切り身）……4切れ
もやし……2袋
塩……小さじ1/3
粗びき黒コショウ……小さじ1/3
わけぎ……1束
サラダ油……大さじ2
A ┌ 酒……大さじ2
　├ しょうゆ……大さじ2
　└ 黒酢……大さじ2

1 サワラは両面に塩、コショウをふって下味をつけ、30分ほどおく。もやしはひげ根を除く。わけぎは斜め薄切りにする。
2 クッキングシートを敷いた蒸し器に**1**のサワラを並べ、6分蒸す。ふたをあけ、もやしを上にのせてふたを戻し、さらに3分蒸す。
3 蒸している間に、フライパンにサラダ油を熱し、**1**のわけぎを炒める。油が全体に回ったら、Aを表記の順に回し入れ、煮立ったら火を止める。
4 器に**2**のサワラともやしを盛り、**3**のソースをかける。

「蒸す」と野菜の おいしい関係

　旬の食材は限られていても、毎日飽きずにおいしく食べられるよう、世の中にはいろんな調理法があります。「蒸す」はその中でも、素材にもっともやさしい調理法。素材そのもののおいしさをきちんと味わいたいときには、蒸し料理がいちばんです。

　肉も魚も、ときには生卵だって蒸しますが、他の調理法に比べて劇的においしくなるのは野菜です。いも類やれんこんなどの根菜は、ゆっくり時間をかけて加熱すると、甘味が十分引き出され、ほくほくの食感に。キャベツやチンゲン菜のような葉物は、短時間蒸しで、シャキッとした食感を残しつつ、しんなり食べやすくなるのがうれしいですね。かぼちゃやなすなどの実の野菜は、甘味が増して、本来の持ち味を存分に楽しめます。

　といっても、私が積極的に蒸さないものも中にはあります。たとえば、アクの出るホウレン草はゆでたほうが手軽ですし、大根は煮物やスープに使うと、ゆで汁もおいしくいただけるというメリットがあります。

　いろんなものを蒸してみると、新しいおいしさや今までの調理法との違いに気づくことでしょう。蒸し器を上手に使って、毎日のご飯づくりに役立ててくださいね。

蒸すのに向く野菜

根菜 　　　葉物野菜 　　　実物野菜

いつものおかずも「蒸せばもっとおいしい」

フライパンや鍋で焼いたり煮たりしていたおかずを、蒸し器でつくってみませんか。味がなじむ前にかたくなったり、火がとおる前に焦げてしまうような失敗がなくなり、余分な油を使わなくてすむので、ヘルシーでおいしいおかずが簡単につくれます。さらに時間がたってもやわらかさやおいしさが変わらないなど、いいことずくめ！蒸し器はクッキングシートを敷けば汚れないので、あと片づけもらくちんです。

蒸し時間 **10** 分

蒸しハンバーグ

ハンバーグは蒸すとふっくらして、
焼くのとはまた違ったおいしさになります。
肉汁がしっかり閉じ込められ、
フライパンでは出せないジューシーさが味わえますよ。
副菜も一緒につくれるので、とてもお手軽です。

材料(4人分)
合いびき肉……300g
玉ねぎ……1個
にんじん……1本
じゃがいも……2個
サラダ油……大さじ1
A ┌ 粗びき黒コショウ……小さじ1/5
  │ 酒……大さじ1
  │ 卵……1個
  │ パン粉……30g
  └ 塩……小さじ2/3
B ┌ 甜面醤……大さじ3
  │ 黒酢……大さじ2
  │ ゴマ油……大さじ1
  └ 塩……小さじ1/3

1 玉ねぎは粗みじん切りにする。にんじんとじゃがいもは皮をむいて一口大に切る。
2 フライパンにサラダ油と**1**の玉ねぎを入れて火にかけ、透きとおるまで弱火でじっくり炒める。色づく前に火を止め、バットなどに移してしっかり冷ます。
3 ボウルにひき肉を入れ、**2**の玉ねぎとAを表記の順に加え、よく混ぜる。4等分し、両手で丸めて空気を抜き、厚めの円形に整える。
4 クッキングシートを敷いた蒸し器に**3**のハンバーグ生地を並べ、間に**1**のにんじんとじゃがいもを置き、10分蒸す。
5 器に**4**を盛り、混ぜ合わせたBのたれをかける(たれに加える塩を豆板醤大さじ1に替えると、大人用のピリ辛だれに)。

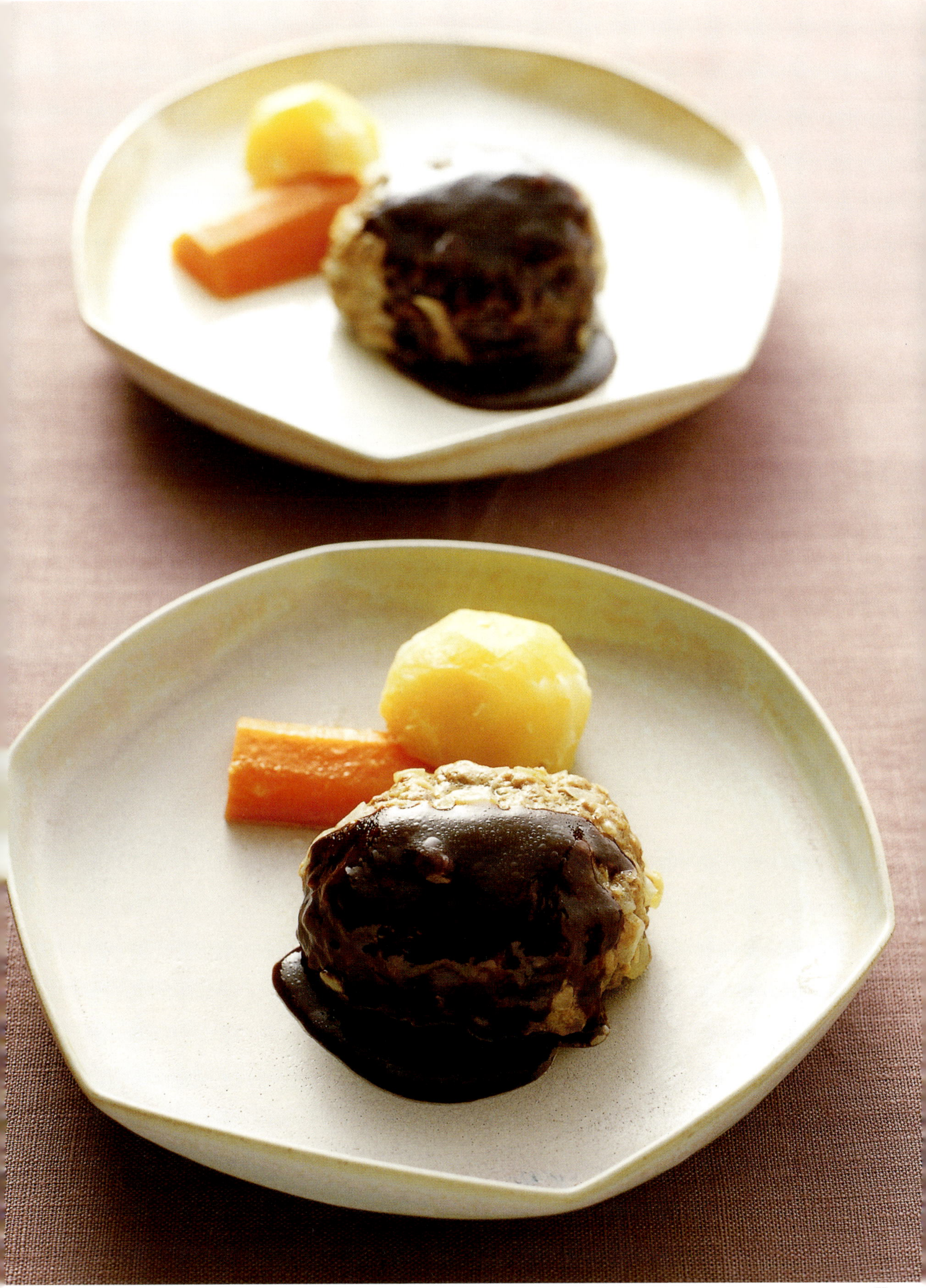

蒸し時間 **12** 分

鶏肉とかぼちゃの蒸しもの

忙しい日には、あらかじめ「鶏肉のマリネ」を冷蔵庫に仕込んでおくと便利です。
このマリネに片栗粉をまぶして揚げたから揚げが、子どもたちの大好物。
そして同じ味つけで、よりやわらかく、
ヘルシーに食べたいときには、かぼちゃと合わせて蒸します。

材料(4人分)
鶏モモ肉(から揚げ用)……400g
かぼちゃ……¼個
A ┌ オニオンパウダー(あれば)……大さじ1
　├ 黒酢……大さじ1
　├ 酒……大さじ1
　├ しょうゆ……大さじ½
　└ 粗びき黒コショウ……少し
上新粉……大さじ2

1 鶏肉はAをもみ込んで下味をつけ、上新粉をまぶす。かぼちゃは種とワタを除き、ところどころ皮をむいて一口大に切る。
2 クッキングシートを敷いた蒸し器に1のかぼちゃと鶏肉を並べ、12分蒸す。

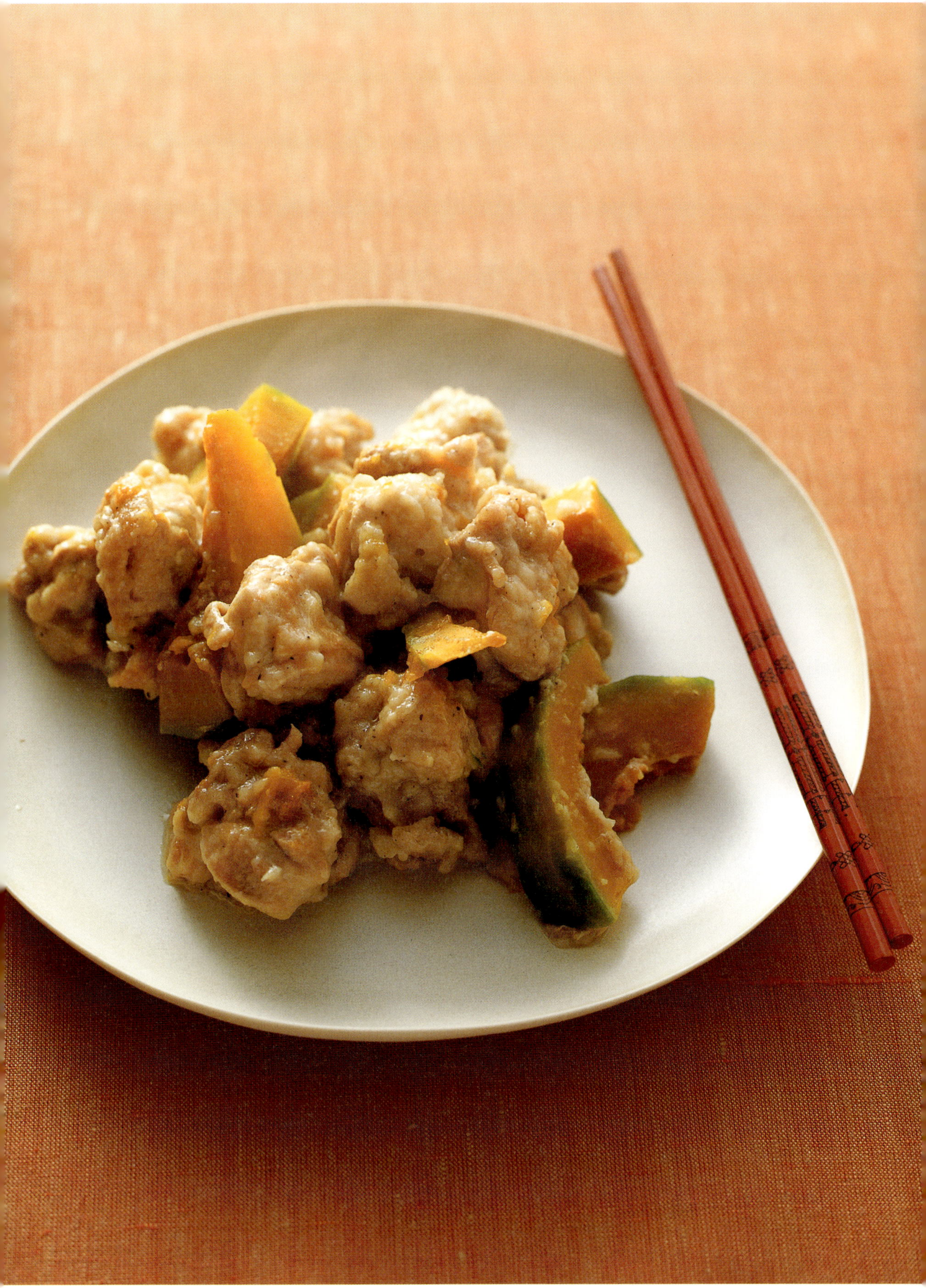

ねぎ油風味の
ポテトサラダ

蒸し時間 **30** 分

材料をまとめて蒸して、ねぎ油であえるだけのポテトサラダ。
野菜と一緒に卵も蒸せるので手間もかかりません。
マヨネーズを使わず、ゆで卵とねぎ油をつなぎにすると、
じゃがいもの甘さが引き立ち、飽きのこないおいしさ！
子どもたちも大好きです。

材料(4人分)
じゃがいも……3、4個(400g)
にんじん……1本
玉ねぎ……1個
卵……2個
塩……小さじ½
ねぎ油
　長ねぎ……1本
　サラダ油……½カップ

1 にんじんは皮をむく。玉ねぎは頭とおしりを落として皮をむく。長ねぎは斜め薄切りにする。
2 クッキングシートを敷いた蒸し器に**1**のにんじんと玉ねぎ、じゃがいも、卵(殻つきのまま)を並べ、強めの弱火で30分蒸す。じゃがいもに竹串を刺して、すーっと通るようなら蒸し上がり。
3 フライパンに**1**の長ねぎとサラダ油を入れて火にかけ、薄く色づくくらいまで、じっくり炒める。
4 **2**が蒸し上がったら、じゃがいもは皮をむき、卵は殻をむく。熱いうちに、にんじん、玉ねぎとともにつぶすようにしながら粗くくずして合わせ、塩で調味し、**3**のねぎ油大さじ3であえる。

ねぎ油は、たっぷりの油でじっくりと炒め、ねぎの香りを引き出す。残ったねぎ油は、パンに浸して食べたり、炒め物の風味づけなどに使える

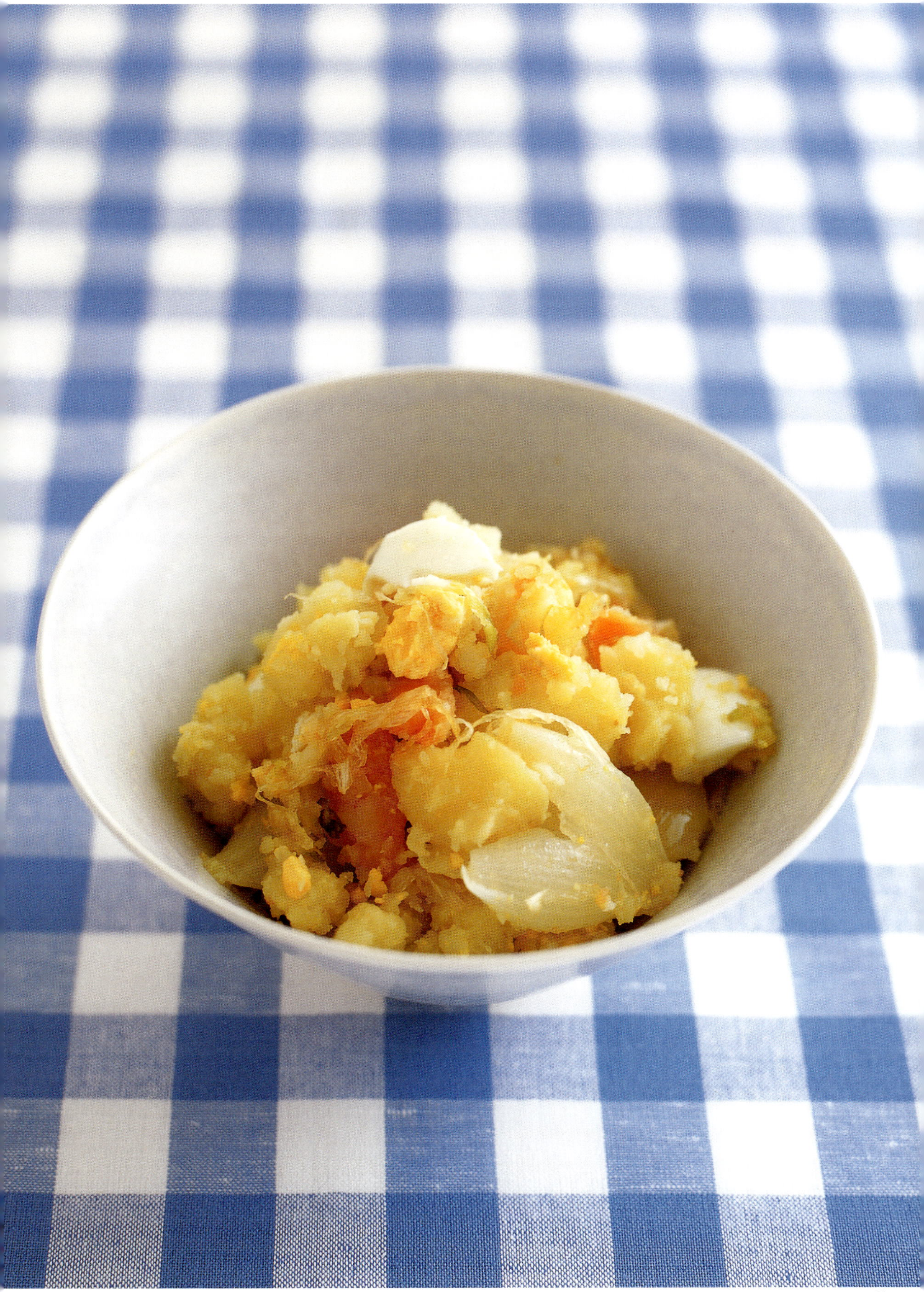

蒸し時間 **15** 分

蒸し根菜の白あえ

食物繊維たっぷりの根菜をとるなら、蒸すのがいちばんです！
水分の少ない根菜は、ゆでると余分な水気を吸い込み、
同時に栄養やおいしさが流れ出てしまうのです。
蒸せば甘味とうま味が凝縮し、食感もほっくり。
白あえの衣は甘くせず、メインのおかずにもなる味つけにしました。

材料（4人分）
ゴボウ……1本
れんこん……150g
にんじん……1本
A ┌ 練りゴマ（白）……大さじ3
　│ 塩……小さじ½
　└ 粗びき黒コショウ……少し
豆腐（絹ごし）……1丁（300g）

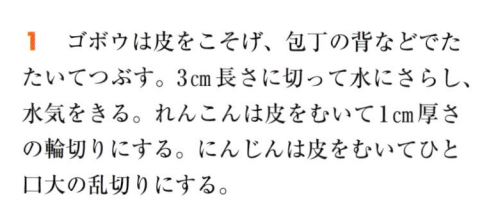

1 ゴボウは皮をこそげ、包丁の背などでたたいてつぶす。3cm長さに切って水にさらし、水気をきる。れんこんは皮をむいて1cm厚さの輪切りにする。にんじんは皮をむいてひと口大の乱切りにする。
2 クッキングシートを敷いた蒸し器に**1**の野菜を並べ、15分蒸す。
3 ボウルにAを入れて混ぜ、豆腐を加えてつぶしながら混ぜ合わせたら、**2**を加えてあえる。

根菜は火がとおりやすいように、厚すぎない程度に食感を残す切り方に。ゴボウはたたいてから切ると味がなじみやすくなる

81

蒸し時間 **6** 分

蒸し豚の冷しゃぶサラダ

生のレタスはくせがなくて食感もよいのですが、
たくさんは食べられないのが難点ですよね。そんなときこそ、蒸し器の出番です。
ゆでると失われてしまうシャキシャキ感も、瞬間蒸しなら大丈夫。
適度にしんなりして食べやすくなり、味もよくからみます。
薄切り肉も、ゆでるよりうま味が残りますよ。

材料(4人分)
豚しゃぶしゃぶ用肉 …… 250g
レタス …… 1個
インゲン …… 100g
A ┌ ショウガのすりおろし …… 大さじ2
　├ ゴマ油 …… 大さじ2
　└ 粗塩 …… 小さじ½

1　レタスは4等分のくし形に切る。インゲンはヘタと筋を除く。
2　クッキングシートを敷いた蒸し器に、豚肉を1枚ずつ広げてふんわりのせ、脇にインゲンを並べて4分蒸す。ふたをあけ、レタスを上にのせてふたを戻し、さらに2分蒸す。
3　蒸し上がった**2**の豚肉は、熱いうちにボウルに取って混ぜ合わせたAであえ、冷ます。レタス、インゲンと一緒に器に盛る。

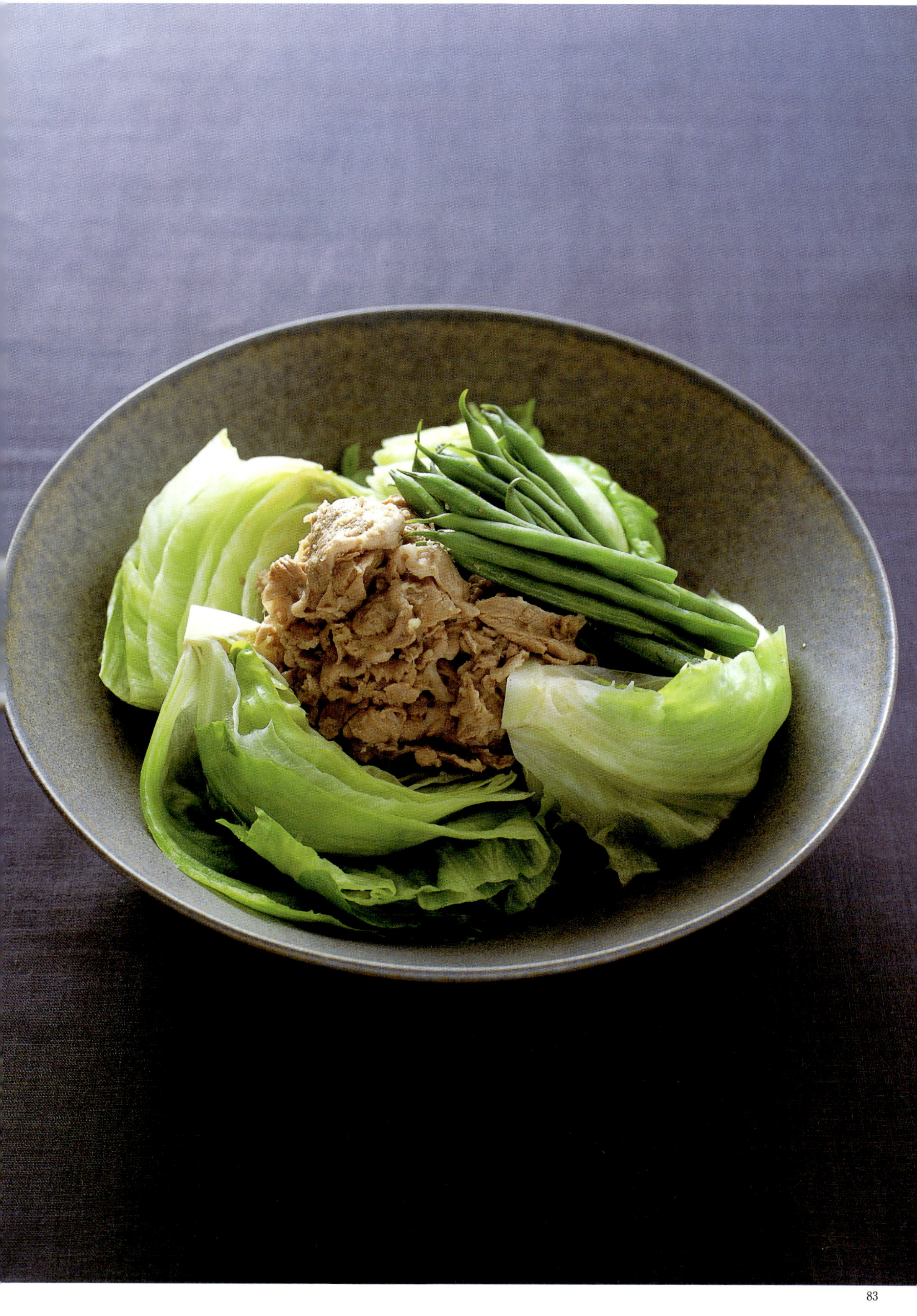

蒸し時間 7～8 分

ブリのしょうゆ漬け蒸し

ブリの照り焼きはポピュラーでも、
おいしいブリ照りをつくるのは、意外に難しいようです。
ブリは脂が多く、味が入りにくいうえ、短時間の加熱でかたくなってしまうから。
その点、蒸し器なら難しいことなしに、
身がふっくらしたおいしいブリ料理ができます。
秘訣は、みそを加えたしょうゆだれに漬け込むこと、
蒸す前に上新粉をまぶすことだけです。

材料(4人分)
ブリ(切り身)……4切れ
粗びき黒コショウ……小さじ1/3
A ┌ 酒……大さじ1
　├ しょうゆ……大さじ1
　└ みそ……大さじ1
長ねぎ……1本
上新粉……大さじ2

1 ブリは両面にコショウをふって冷蔵庫で10分おく。バットに広げ、混ぜ合わせたAの漬けだれを全体にからめて下味をつける(できれば冷蔵庫で一晩おく)。
2 長ねぎは6～7㎝長さの白髪ねぎにする。
3 **1**のブリに上新粉をまぶし、クッキングシートを敷いた蒸し器に並べ、7～8分蒸す。
4 器に**3**を盛り、**2**の白髪ねぎをのせる。

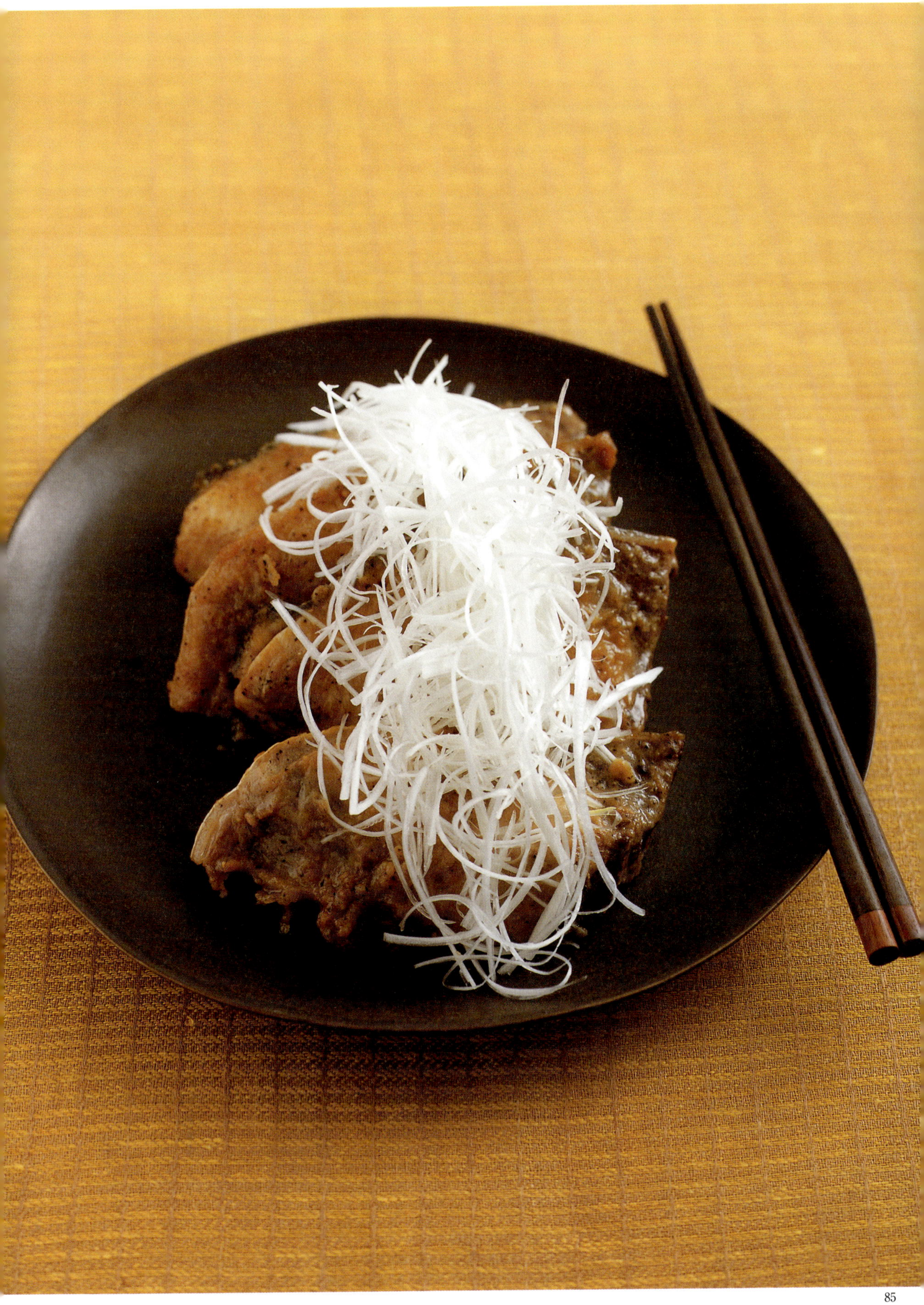

蒸しなすと牛肉の
ゴマだれがけ

蒸し時間 **5** 分

なすと牛肉は炒めてもおいしいですが、なすが油をたくさん吸うので、
ヘルシーに食べたいときには蒸すのがおすすめです。
蒸しなすはむっちりした食感に、汁気たっぷりの食べごたえ。
黒酢のほどよい酸味とコクのあるゴマだれがよく合います。

材料（4人分）
なす……6本
牛薄切り肉（モモまたはロース）……200g
みょうが……2個
酒……大さじ1

A ┌ 練りゴマ（白）……大さじ2
  │ 黒酢……大さじ1½
  │ しょうゆ……大さじ1½
  │ 粗びき黒コショウ……少し
  └ 水……大さじ1～2

1 なすはヘタを落として皮をむき、縦1cm幅に切る。みょうがは薄切りにする。牛肉はボウルに入れて酒をふりかけ、箸で混ぜてからめる。
2 クッキングシートを敷いた蒸し器に**1**のなすを並べ、2分蒸す。ふたをあけ、牛肉を上に広げのせてふたを戻し、さらに3分蒸す。
3 器に**2**のナスと牛肉を盛り、**1**のみょうがをのせ、混ぜ合わせたAのたれをかける。

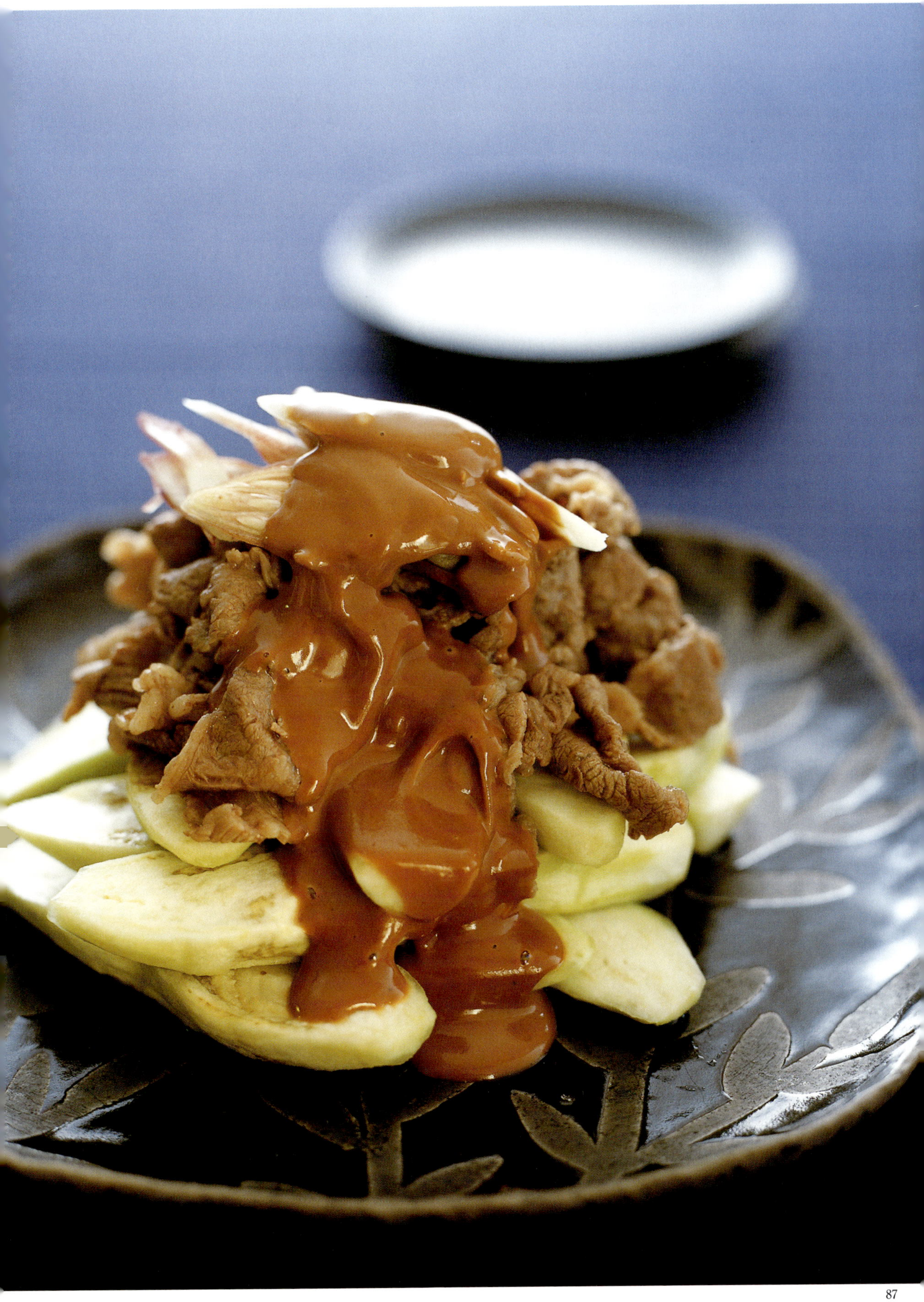

蒸し時間 10 分

ゴーヤとパプリカの肉詰め蒸し

夏野菜の肉詰め蒸しは、焼いたり揚げたりするよりもさっぱりと食べやすく、
暑い季節にぴったりです。暑い日に蒸しものは大変、と思われるかもしれませんが、
蒸している間、ずっとそばについている必要はありません。
火にかけたら蒸し器にまかせられるのが、うれしいですね。

蒸し器にすき間ができないようにきっちり並べると、傾いたりせずに肉汁が流れ出ない

材料(4人分)
ゴーヤ……1本
パプリカ(赤・黄)……各1個
鶏ひき肉(モモ)……300g
A ┌ 粗びき黒コショウ……少し
　│ 酒……大さじ2
　│ オイスターソース……大さじ½
　│ しょうゆ……大さじ1½
　│ 溶き卵……1個分
　│ 生パン粉……20g
　└ ゴマ油……大さじ1

1 ゴーヤは縦半分に切って種とワタを除く。パプリカは縦半分に切ってヘタと種を除く。
2 ボウルにひき肉を入れ、Aを表記の順に加え、そのつど箸で混ぜる。
3 **1**のゴーヤとパプリカのそれぞれに、**2**の肉だねを詰め、表面をならす。
4 クッキングシートを敷いた蒸し器に、なるべくすき間ができないように**3**を並べ、10分蒸す。食べやすく切り分け、器に盛る。黒米の炊き込みご飯と盛り合わせても。

黒米の炊き込みご飯

材料とつくり方(4人分)
米2合に対し、黒米大さじ2を合わせ、洗ってザルに上げ、水気をきる。炊飯器にセットし、グリーンレーズン30gを加え、水を2合の目盛りまで注いで普通に炊く。炊き上がったらさっくりと混ぜ、器に盛り、から炒りした松の実適量を散らす。

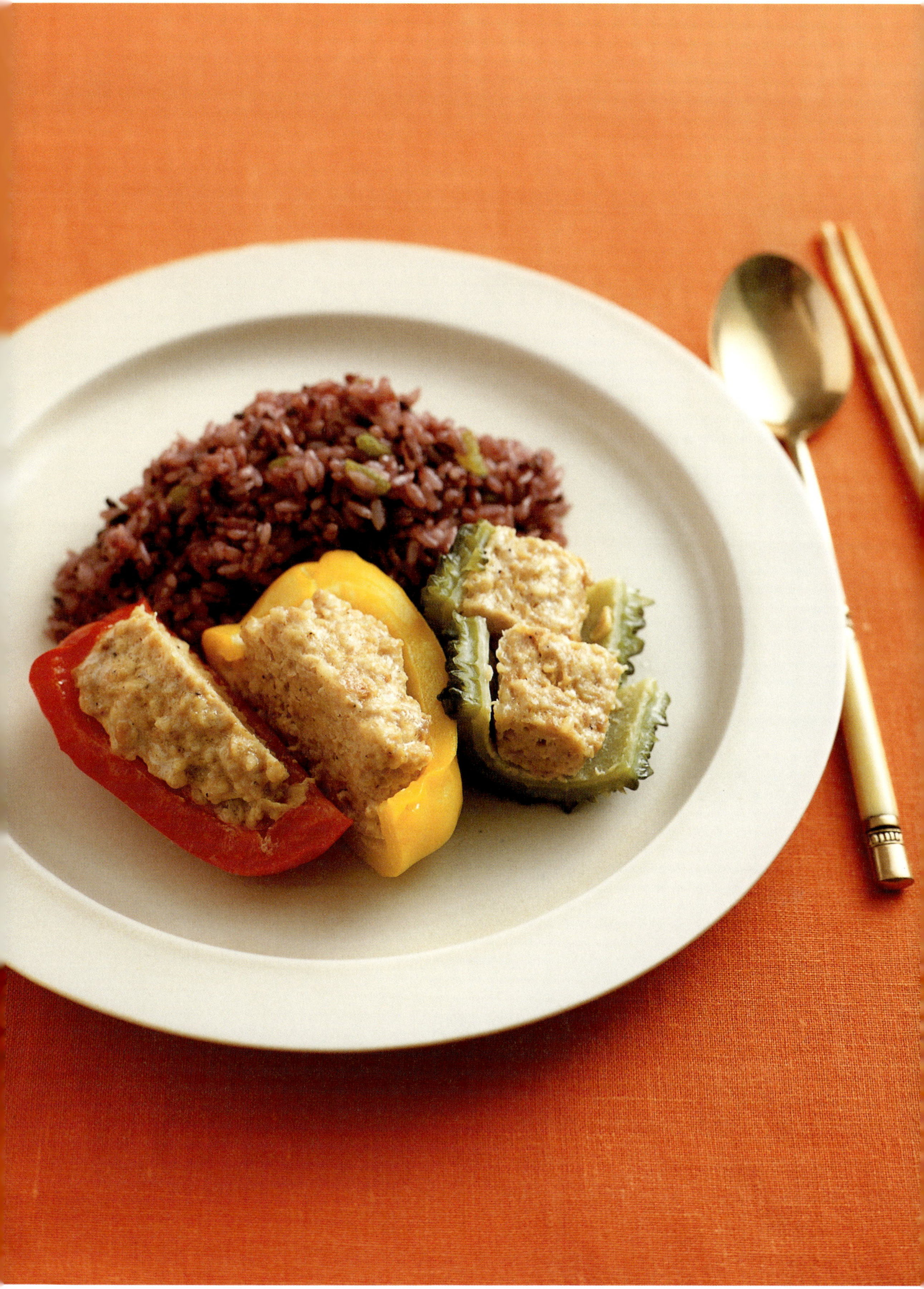

蒸し時間 20 分

たっぷり野菜のイカ飯蒸し

もち米は、あらかじめスープで煮ておくと、蒸し時間は20分ほどでよく、
イカの身がふっくらした状態でいただけます。
米はスープを吸って、膨らんだ状態で詰めますから、
蒸し器の中でイカが破裂する心配はありません。
ぱんぱんに詰めたほうが、きれいに仕上がります。

イカに詰めるご飯はすき間ができないよう、スプーンの背で押し込むように詰める

材料（4人分）
スルメイカ……2ハイ
もち米……1合
水煮タケノコ……100g
パプリカ（赤）……1個
A ┌ 酒……大さじ1
　├ しょうゆ……大さじ1
　├ 塩……小さじ1/5
　├ 粗びき黒コショウ……少し
　├ 顆粒鶏がらスープ……小さじ1
　└ 水……1カップ
サラダ油……大さじ2

1 もち米は洗ってザルに上げ、そのまま1時間以上おく。イカは胴からワタと足を引き抜いて軟骨を外し、胴は流水できれいに洗う。Aを混ぜ合わせ、スープをつくる。

2 タケノコは1cm角に切る。パプリカはヘタと種を除いて1cm角に切る。

3 フライパンにサラダ油、**2**のタケノコを入れて火にかけ、油がなじんだら**1**のもち米を入れて、炒め合わせる。スープを注ぎ、煮立ったら火を弱めてふたをし、7〜8分蒸し煮にする。パプリカを加えてさっと煮たら、火からおろして粗熱を取る。

4 **1**のイカに**3**の具を詰め、クッキングシートを敷いた蒸し器に並べ、20分蒸す。粗熱が取れたら、食べやすい大きさに切って器に盛る。

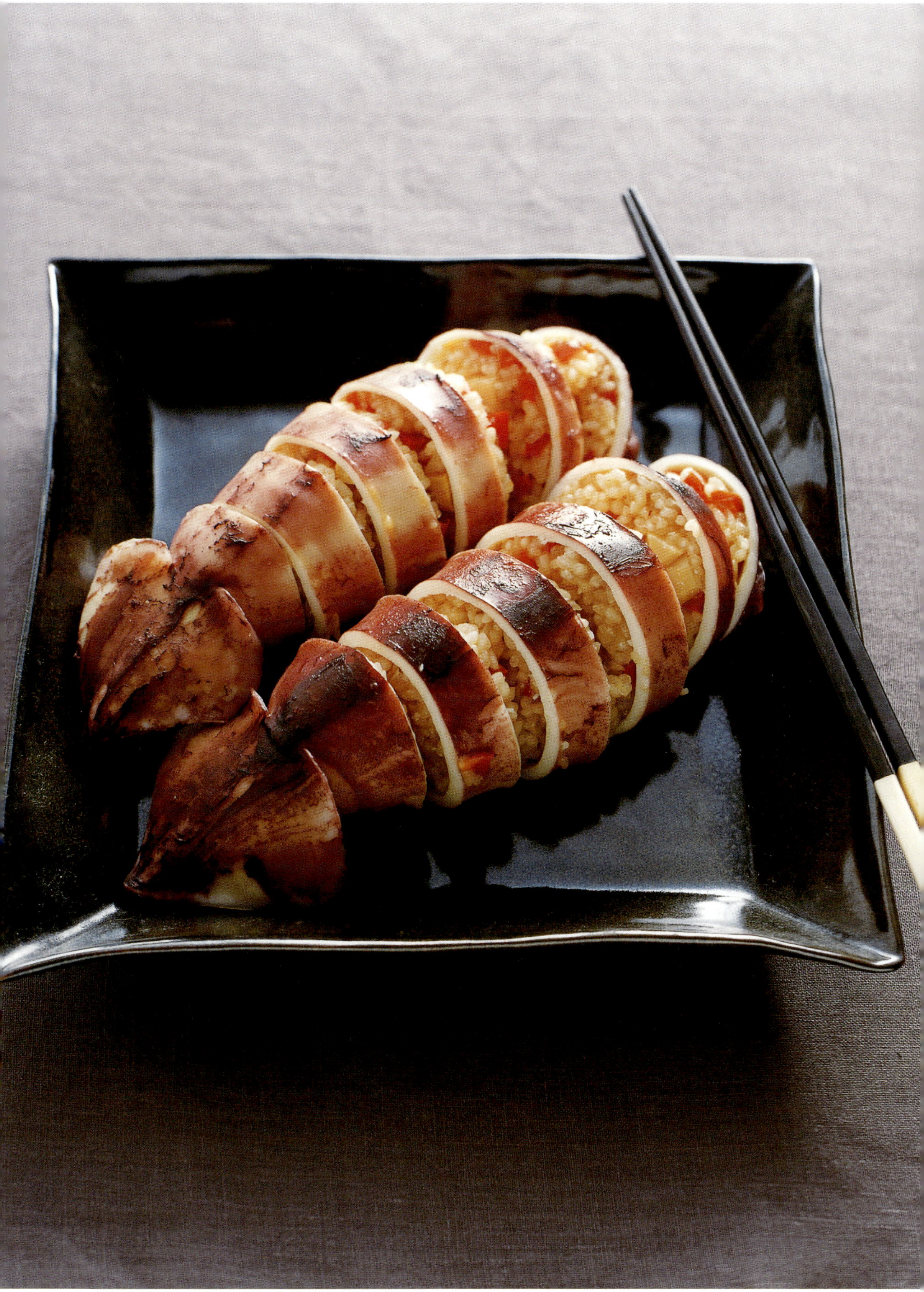

おわりに

　この本で紹介してきた蒸しおかずは、どれも私がいつもつくっている、わが家の普段着のご飯です。毎日つくるものだからこそ、無理なく続けられるように特別なことはしていません。

　ただ、せっかくつくるのですから、皆さんと同様、よりおいしくて栄養のあるものにできたら、と思っています。家に帰るやいなや「今日のご飯はなに？」と、キッチンに飛び込んでくるような子どもたちですから、「おいしい〜」って喜んでもらえるように心を込めて。

　これまでにもお伝えしてきましたが、「蒸す」は、栄養たっぷりで素材にも体にもやさしい調理法です。できたて熱々のおいしさはもちろん、時間がたっても不思議と温かさ、やさしさが料理に残っているから、つくりおきにも、お弁当にもいい。蒸し器のよさを知るほどに、家族と食べたい、家族につくってあげたい調理法だと実感します。

　そして、温かい湯気まで一緒に食卓に持っていけるところも、私のお気に入り。蒸し器を食卓に運んでいくと、ふわっとのぼる湯気の向こうで家族がにこにこと待っていて、とても幸せな気持ちになります。

　手間もかからず、温かい食卓につながる蒸し器は、最高の調理道具だと思います。わが家でも、どれだけ活躍してくれていることでしょう。この本を手に取ってくださった皆さんのご家庭にも、この温かさが届くことを願っています。

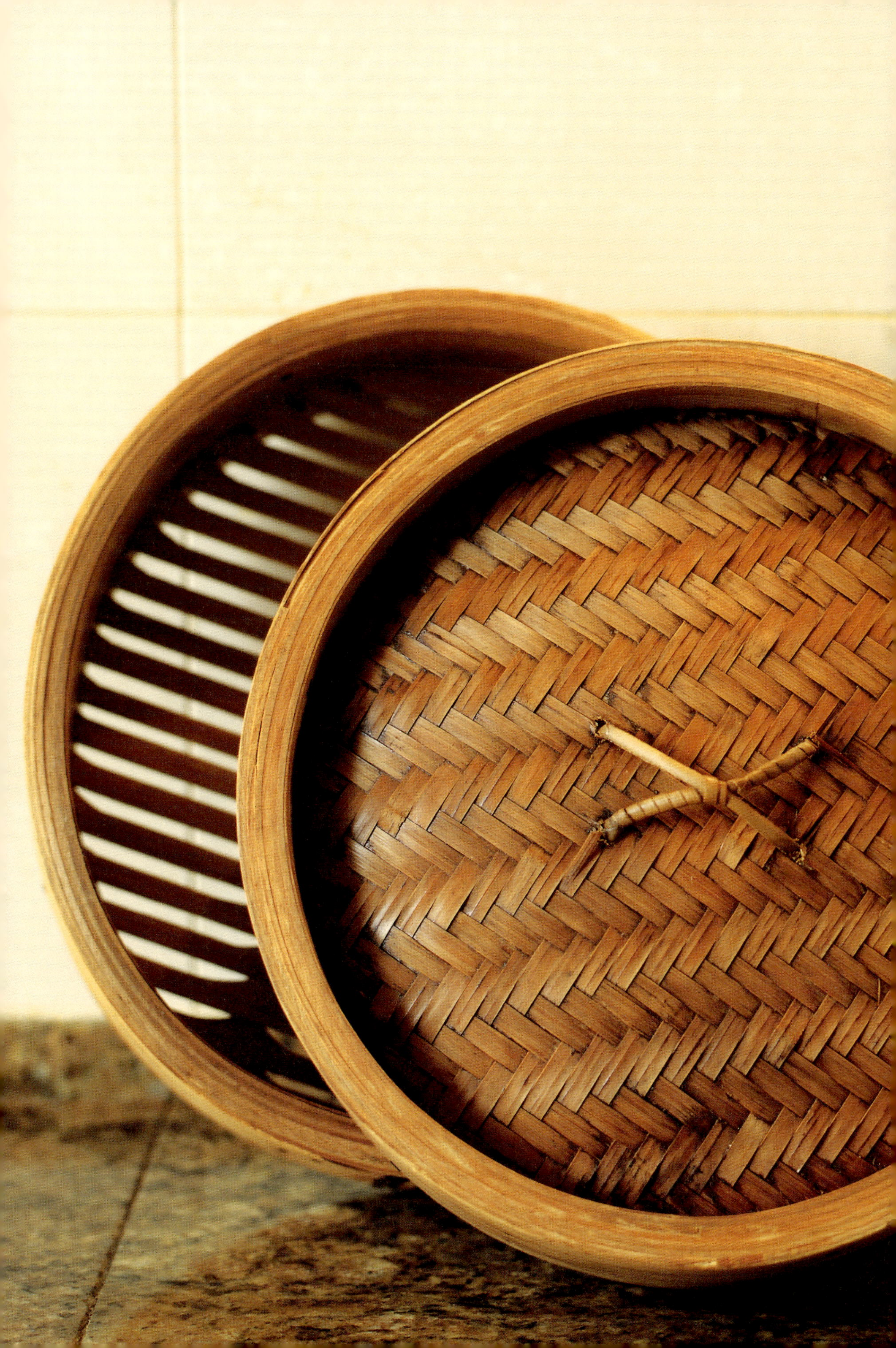

素材別料理インデックス

肉

豚肉	蒸し塩豚	26
	豚肉とピーマンのホイコーロー	27
	豆腐と青ねぎの炒め合わせ	30
	さつまいもと豚肉の重ね蒸し	58
	蒸し豚の冷しゃぶサラダ	82
鶏肉	蒸し鶏	21
	鶏肉のチャーシュー風	22
	バンバンジー冷麺	23
	蒸し骨つき鶏肉	24
	鶏肉の蒸し春巻き	25
	鶏肉とかぼちゃの蒸しもの	76
牛肉	蒸しなすと牛肉のゴマだれがけ	86
ひき肉	豆腐の鶏団子蒸し	31
	豚肉のシューマイ	48
	鶏肉のシューマイ	50
	合いびき肉のシューマイ	51
	牛肉のシューマイ	52
	蒸しハンバーグ	74
	ゴーヤとパプリカの肉詰め蒸し	88

魚介・魚介加工品

あさり	あさりとグリーンピースの具だくさん茶碗蒸し	57
イカ	イカの青ねぎ蒸し	66
	たっぷり野菜のイカ飯蒸し	90
エビ	エビのシューマイ	53
	干しエビの茶碗蒸し	56
	あさりとグリーンピースの具だくさん茶碗蒸し	57
	エビと空豆の蒸しもの	64
カジキ	カジキとエリンギの酒粕蒸し	62
金目鯛	蒸し魚の香味だれ	70
鮭	鮭と長いもの香り蒸し	68
	鮭と長いもの混ぜご飯	68
サワラ	サワラともやしの蒸しもの ねぎソース	71
タラ	蒸し魚の香味だれ	70
ブリ	ブリのしょうゆ漬け蒸し	84
加工品	かぼちゃとはんぺん、ちくわの蒸しもの	60

野菜

インゲン	蒸し豚の冷しゃぶサラダ	82
枝豆	蒸し枝豆ととうもろこしの塩コショウ	44
カブ	蒸しカブのはちみつ辛子漬け	42
かぼちゃ	蒸しかぼちゃ	15
	かぼちゃのねぎ焼き	15
	かぼちゃの四川風	15
	かぼちゃとはんぺん、ちくわの蒸しもの	60
	鶏肉とかぼちゃの蒸しもの	76
カリフラワー	蒸しカリフラワーのゆずコショウあえ	38
きのこ類	豆腐としいたけのみそ煮	30
	カジキとエリンギの酒粕蒸し	62
キャベツ	蒸しキャベツ	13
	キャベツの半熟卵あえ	13
	紫キャベツのコールスロー	13
きゅうり	バンバンジー冷麺	23
グリーンピース	あさりとグリーンピースの具だくさん茶碗蒸し	57
ゴボウ	蒸し根菜の白あえ	80
ゴーヤ	ゴーヤとパプリカの肉詰め蒸し	88
さつまいも	さつまいもと豚肉の重ね蒸し	58
じゃがいも	蒸しじゃがいも 蒸しにんじん	9
	じゃがいもとにんじんのミルクグラタン	10
	じゃがいもとにんじんのしょうゆ炒め	11
	蒸しハンバーグ	74
	ねぎ油風味のポテトサラダ	78
香菜	なすの香菜ゴマだれあえ	19
空豆	エビと空豆の蒸しもの	64

タケノコ ●	たっぷり野菜のイカ飯蒸し	90
玉ねぎ ●	蒸し玉ねぎ	17
	玉ねぎのチーズ焼き	17
	玉ねぎの豆板醤あえ	17
	蒸しハンバーグ	74
	ねぎ油風味のポテトサラダ	78
チンゲン菜 ●	蒸しチンゲン菜のねぎ油ソース	40
とうもろこし ●	蒸し枝豆ととうもろこしの塩コショウ	44
長いも ●	鮭と長いもの香り蒸し	68
	鮭と長いもの混ぜご飯	68
なす ●	蒸しなす	19
	なすの香菜ゴマだれあえ	19
	なすのみそ焼き	19
	蒸しなすと牛肉のゴマだれがけ	86
にんじん ●	蒸しじゃがいも 蒸しにんじん	9
	じゃがいもとにんじんのミルクグラタン	10
	じゃがいもとにんじんのしょうゆ炒め	11
	蒸しハンバーグ	74
	ねぎ油風味のポテトサラダ	78
	蒸し根菜の白あえ	80
ねぎ類 ●	かぼちゃのねぎ焼き	15
	蒸し鶏	21
	豆腐と青ねぎの炒め合わせ	30
	蒸しチンゲン菜のねぎ油ソース	40
	イカの青ねぎ蒸し	66
	蒸し魚の香味だれ	70
	サワラともやしの蒸しもの ねぎソース	71
	ねぎ油風味のポテトサラダ	78
	ブリのしょうゆ漬け蒸し	84
パプリカ ●	蒸しパプリカのナッツあえ	46
	ゴーヤとパプリカの肉詰め蒸し	88
	たっぷり野菜のイカ飯蒸し	90
ピーマン ●	豚肉とピーマンのホイコーロー	27
ブロッコリー ●	蒸しブロッコリーの豆豉だれ	36

三つ葉 ●	干しエビの茶碗蒸し	56
みょうが ●	蒸しなすと牛肉のゴマだれがけ	86
もやし ●	サワラともやしの蒸しもの ねぎソース	71
レタス類 ●	鶏肉の蒸し春巻き	25
	蒸し塩豚	26
	蒸し豚の冷しゃぶサラダ	82
れんこん ●	蒸しれんこんの梅あえ	34
	蒸し根菜の白あえ	80

卵

キャベツの半熟卵あえ	13
プレーン大鉢茶碗蒸し	54
干しエビの茶碗蒸し	56
あさりとグリーンピースの具だくさん茶碗蒸し	57
ねぎ油風味のポテトサラダ	78

豆腐

蒸し豆腐	29
豆腐と青ねぎの炒め合わせ	30
豆腐としいたけのみそ煮	30
豆腐の鶏団子蒸し	31
蒸し根菜の白あえ	80

ご飯・麺

バンバンジー冷麺	23
鮭と長いもの混ぜご飯	68
黒米の炊き込みご飯	88
たっぷり野菜のイカ飯蒸し	90

ウー・ウェン

中国・北京生まれ。1990年に来日。ウー・ウェンクッキングサロン主宰。医食同源が根づいた中国の家庭料理とともに、中国の暮らしや文化を伝えている。著書に『ウー・ウェンの毎日黒酢』(講談社)、『10品を繰り返し作りましょう』『最小限の材料でおいしく作る9のこつ』(ともに大和書房)『ウー・ウェンの炒めもの』『ウー・ウェンの煮ものあえもの』(ともに高橋書店)など多数。

ウー・ウェンクッキングサロン
[E-mail] wu-w@cookingsalon.jp
[Instagram] @wuwen_cookingsalon

アートディレクション	昭原修三
デザイン	酒井由加里(昭原デザインオフィス)
撮影	澤木央子
スタイリング	池水陽子
校正	小出美由規
取材・文	風間詩織
取材協力	菊田ゆき
編集	田中路子

ESSEの本　ウー・ウェンの
蒸しおかず
手間なく素材の味を生かす

2010年11月1日　初版第1刷発行
2025年10月10日　　　第7刷発行

著　　者　ウー・ウェン
発 行 者　秋尾弘史
企画協力　株式会社 フジテレビジョン
発 行 所　株式会社 扶桑社
　　　　　〒105-8070　東京都港区海岸1-2-20汐留ビルディング
　　　　　電話 03-5843-8581(編集)
　　　　　電話 03-5843-8143(メールセンター)
　　　　　http://www.fusosha.co.jp
印刷・製本　TOPPANクロレ株式会社

定価はカバーに表示してあります。落丁・乱丁(本のページの抜け落ちや順序の間違い)の場合は小社メールセンター宛てにお送りください。送料は小社負担にてお取り替えいたします。本書の無断転用・複写は例外を除き、著作権法で禁じられています。本書は『ESSE』に掲載した内容に追加・再構成したものです。

©WU WEN 2010 Printed in Japan　　　ISBN 978-4-594-06299-6